청소년 자립 / 직업 진로

길라잡이

청소년 자립 / 직업 진로

길라잡이

모세종 지음

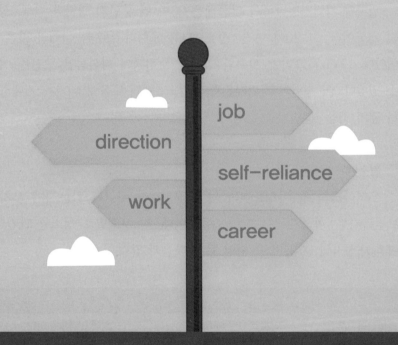

direction
job
self-reliance
work
career

자립지원가로 활동해 온 20여 년의 경험으로 풀어낸

청소년 자립과 직업 진로 이야기

생각나눔

저자 서문

이 책은 청소년의 자기계발서나 감동적인 성공스토리, 전문적인 연구보고서도 아니다.

필자가 자립지원가로서 활동해온 20여 년 동안의 경험과 반성, 성찰의 기록이다. 그 20여 년간, 성공보다는 오히려 실수와 실패가 많은 편이었다. 그러나 그러한 실수와 실패가 누적되어 혁신적인 도전을 이룰 수 있었다. 이 경험이 자립지원가와 청소년에게 도움이 되기를 기대하며 한 권의 책을 낼 결심을 할 수 있었다.

청소년은 누구인가?

우리나라의 경우 청소년과 가장 직접적인 관련이 있는 유관부처는 보건복지부, 여성가족부, 고용노동부이다. 각 부처별로 청소년 관련 법령과 대상자의 호칭, 적용 연령 등은 다음과 같다.

부 처	관련 법령과 호칭	적용 연령
보건복지부	'아동복지법'의 아동	최대 만 18세 미만
여성가족부	'청소년기본법'의 청소년	만 9세~24세 이하
고용노동부	'청년고용촉진특별법'의 청년	원칙: 만 15세 이상~29세 이하 특칙: 만 15세 이상~34세 이하
중소 벤처기업부	'중소기업창업지원법'의 청년	최대 만 39세 이하

각각의 법률에 따라 '청소년'을 '아동' 또는 '청년'에 포함하고 있다. 이 책에서 '청소년'은 중학교 1학년부터 대학 4학년까지이다. 이 시기는 자립을 준비하는 단계에서 가장 중요한 시기이며, 자립지원의 효과가 가장 크다.

기존의 청소년 자립/직업진로교육은 '체계성, 연속성, 체득성'이 부족하여 청소년들이 실질적인 자립 역량을 갖추는 데 어려움을 겪고 있다. 혁신이 필요한 이유이다.

청소년들이 사회에 나가 실제로 자립을 이루도록 하기 위해서는 자립/직업진로의 핵심 역량을 발달 단계에 맞추어 배우고 경험해야 한다. 따라서 자립/직업진로에 대해 풍부하고 구체적으로 이해하는 것이 미래를 설계하고 이루어나가는 데 큰 도움이 될 것이다. 그러나 청소년들이 자립/직업진로 역량을 체득하기에는 여러 어려운 점들이 있다. 학문적으로 체계화되어 있지 않고, 담당 인력의 양과 질이 부족하며, 효과적인 콘텐츠와 교육 방법이 충분히 개발되어 있지도 않다. 이에 대한 사회적 투자가 너무나 부족한 실정이다.

필자는 앞으로도 자립의 당사자인 청소년들과 함께 앞날을 개척해나가고자 한다. 또한, 청소년 자립/직업진로교육에 열정적으로 헌신하고 있는 교사와 청소년기관 종사자, 민간의 진로 전문가, 그리고 부모님들과도 소통하고 연대하고 싶다. 관련된 분들뿐만 아니라 청소년들도 이 책을 많이 읽어 능동적 향유자로서 좋은 자립/직업진로교육, 청소년 자립 역량 수당을 권리로 요구할 수 있으면 좋겠다. 이 책이 그 연결의 시작이 되기를 희망한다.

이 책은 필자 혼자가 아닌, 청소년 자립/직업진로 혁신에 함께하였던 사람들의 공유물이다. 긴 여정을 함께 해온 꿈나무마을과 이남용 팀장님, 경기자립지원센터내비두와 김재훈 목사님, 사람마중 동료들과 협업자분들께 특별히 감사드린다. 또한, 필자의 강의를 활자로 풀어준 이인호 님과 남일량 님, 엉성한 글을 잘 다듬어준 안덕훈 작가님께도 감사드린다.

필자가 지금까지 자립 활동에 몰두하는 동안 가장 많은 고통을 겪은 사랑하는 채혜영에게 미안함과 감사를 전하며, 이 책이 작으나마 위로와 보상이 되었으면 한다. 필자의 인생에서 유일하게 성공한, 사랑하는 딸 모승빈에게 이 책을 선물한다.

추천사

인간뿐 아니라 모든 동물은 태어나서 자립하는 것이 성장의 과제이다. 동물들의 자립은 인간에 비해 상당히 용이하지만 복잡한 사회적 동물인 인간의 자립은 그리 용이하지 않다. 사회가 복잡해지면서 전근대에서 근대, 포스트모던 사회로 넘어오면서 새로운 세대의 자립은 점점 지연되면서 어려워지고 있다. 하물며 개인적, 가정적, 교육적, 사회적 취약점을 안고 있는 청소년의 자립이야 말할 나위가 없다.

자립은 사회 정책뿐만 아니라 교육, 청소년 정책의 목적이기도 하다. 수많은 진로직업교육과 자립지원 정책을 수립하고 실행해 왔지만 그 정책 결과가 청소년, 청년의 자립을 얼마나 성공적으로 지원하였는지 가늠하기 어렵다. 자립지원이 성공하기 위해서는 한 사람의 성장에 초점을 두고 오랜 시간 변화와 굴곡을 거치며 필요에 따라 지속적으로 지원할 수 있는 구조가 되어야 하는데, 시작과 끝이 정해져 있는 특정 프로그램의 수행으로 자립의 성과가 나타날 수 없기 때문이다. 우리 연구 결과들이 효용성이 크기 위해서는 실천 현장과 접맥되고 실천 현장에 적용 가능한 연구 결과들이어야 한다.

20여 년간 사회복지와 청소년 현장을 지키며 저자의 다양한 현장 경험을 한 권의 책으로 농축해 낸 이 책은 그래서 의미가 더욱 크다.

자립은 모든 청소년의 생애 목적이지만 이 책은 특별히 취약한 사회적 위치에 있는 청소년의 자립 과정을 지원하는 데 더 중점이 있다. 아동양육시설, 학교밖청소년, 산업정보고등학교, 특성화고등학교, 평생교육시설, 사회적 외톨이 청소년 등 우리 사회, 교육의 주변부에 있는 청소년의 자립을 위해 직업진로와 재무, 주거, 관계 역량 증진을 지원하여 자립으로 나가게 하는 긴 호흡의 프로그램을 제시하고 있다.

저자가 제시하는 '자립'에 대한 혁신적 사고는, '스스로 자립, 함께 자립, 천천히 나가는 자립, 지속하는 자립, 사회를 혁신하는 자립'이다. 자립 서비스의 핵심은 라포 형성에 있으며 이를 기반으로 인격적 기회(재무 역량, 관계 역량, 주거생활 역량, 직업진로 역량)를 키워주는 데 있다는 데 전적으로 동의한다. 자립에서 무엇보다 중요한 것은 이러한 역량 개발이며 여기에 적절한 생활 자본과 역량 개발에 필요한 물질적 기회가 더해지면 된다.

'리스크가 없으면 자립도 없다. 자립은 수치로 증빙되는 것이 아니라 청소년의 삶의 변화로 증명되는 것이다. 청소년의 인성을 탓하지 말고 좋은 기회를 주라'는 저자의 명제는 자립지원을 계획하는 우리 모두에게 주는 명언이 아닌가 싶다.

2020년 7월
G'L 학교밖청소년연구소장, 한국청소년정책연구원 명예연구위원

윤 철 경

추천사

'계획된 우연'

크롬볼츠의 사회학습 이론으로 인간이 살아가면서 만나게 되는 다양한 우연적 사건들이 개인의 진로에 긍정적 영향을 미치는 것을 뜻합니다.

아마도 제가 본부장님을 처음 뵈었던 그 순간부터 저에게뿐만 아니라 저희와 만나는 수많은 학생들에게도 계획된 우연은 시작되었다고 생각합니다.

체계적인 청소년의 자립과 직업진로 프로세스가 부족함을 늘 안타까워하시며 오랜 시간 새로운 프로그램의 시도, 그에 따른 시스템 정립 등을 꾸준히 해 오셨고 드디어 그 조각조각의 경험과 이론을 책으로 만날 수 있게 되었습니다.

특히 많은 이들이 '경제적 독립'만을 '자립'으로 인식하기도 하지만 본 책에선 올바른 자립의 정의와 필요성, 그리고 건강한 자립을 위한 방법을 제시하고 있습니다.

또한 그 과정에서 직업진로의 방향성을 설정하고 직업세계를 이해하기까지 청소년기의 발달 과정에 적합한 프로그램을 공유합니다.

청소년에게 선한 영향력을 전달하고 싶으신 분들이라면 특히 공감하실 것이며, 여러분에게 전문성, 체계성, 지속성을 갖는 이론과 정보가 종합선물세트처럼 다가올 것입니다.

수많은 독자에게 청소년 자립과 직업진로에 대한 노하우와 경험을 아낌없이 전달하신 작가 모세종 본부장님께 감사의 마음을 전하며, 이 책이 앞으로 청소년들의 더 다양한 이야기를 펼쳐 주실 마중물이 되기를 진심으로 바랍니다.

단국대학교 글로벌창업혁신센터

조 하 나

contents

저자 서문 ·· 4

추천사 ·· 7

1장_ 자립 이야기

자립 사례 ·· 15

사례 1: 청소년 사회적 기업 ································ 15

사례 2: 케어 중심의 프로그램이 갖는 한계 ······ 19

사례 3: 대안학교 청소년 직업진로 프로그램 ····· 20

사례 4: 푸드바이크 프로젝트 ······························ 24

사례 5: 학교 밖 여성청소년들의 세상으로 나아가기 ······ 28

사례 6: 범죄 경험 청소년 교육 ··························· 30

전반적인 청소년 상황에 대해 ··················· 32

아동양육시설 청소년 ·· 32

학교 밖 청소년- 1 ·· 34

학교 밖 청소년- 2 ·· 35

산업정보고등학교 청소년 ···································· 36

특성화 고등학교 청소년 ······································ 37

학력 인정 평생교육시설의 청소년 ······················ 39

사회적 외톨이 청소년 ·· 40

취업성공패키지 참여 청(소)년 ····························· 42

자립 프로그램 수행의 소회 ······················· 44

2장_ 자립 정립하기

가난과 복지에 대한 성찰 ················· 48

자립 혁신의 방향 ····················· 50

'자립'의 정의 정립 ·················· 50
자립지원의 성공 요소 구축 ··········· 56
자립지원 서비스 제공 체계의 혁신 ····· 60
자립 서비스 혁신의 핵심 요소 ········· 62

자립의 세 가지 명제 ················· 67

3장_ 진로에서 직업진로로

진로교육의 혁신 방향 ················· 71

직업진로에 대한 이해 ················· 87

꿈과 직업 ······················· 87
진로와 심리/ 인성/ 적성 ············· 89
진로와 사명 ····················· 91
진로와 역량 ····················· 93
진로와 좋은 질문 ················· 95
진로와 일 경험 ··················· 96

직업의 이해 ························ 99

직업의 조건 ····················· 99
직업과 윤리 ····················· 100
직업을 선택하는 기준 ·············· 102
직업 탐색하기 ··················· 104

직업 세계의 이해 ·········· 106

'부'에 대하여 ············· 107
기업에 대하여 ············· 111
노동관계에 대하여 ············· 122
보상에 대하여 ············· 126
직무 리더십에 대하여 ············· 133
조직 문화 ············· 141

4장_ 자립 프로그램

가. 직업진로 역량 프로그램 ············· 153
나. 재무 역량 프로그램 ············· 174
다. 주거 생활 역량 프로그램 ············· 184
라. 관계 역량 프로그램 ············· 199
마. 사회적 외톨이 자립지원 프로그램 ············· 201

1장

자립 이야기

자립 사례

사회적 기업 '사람마중'은 어려운 상황에 있는 청소년들의 자립을 돕기 위해 여러 가지 사업을 수행해왔다. 먼저 필자가 만났던 청소년의 사례 몇 가지를 소개하고자 한다.

사례 1: 청소년 사회적 기업

2011년경 마을 공동체 활동을 하는 분에게서 연락이 왔다. 자기 마을에 청소년들이 도시락 가게를 운영하며 창업을 준비하고 있으니 교육을 해달라는 것이었다.

지자체가 운영하는 청소년기관에서 수행하는 창업 프로그램에 학교 밖 청소년 6명이 참여하고 있었다.

필자는 이들에 대한 교육 요청을 받아들여 교육 계획을 세웠다.

교육 첫날, 나름 마음의 준비를 하였는데 교육실 풍경은 한마디로 가관이 아니었다. 청소년들 모두가 강사가 왔는데도 아랑곳하지 않고 엎드려 있는 것이었다. 청소년들의 관심을 유도하기 위해 이런저런 이야기를 했지만 여전히 자신의 세계에 빠져 있었다. 한 청소년은 쉬는 시간마다 그림을 그리는데, 목이며 팔다리 등 신체가 여기저기 잘린 채 피를 쏟아내고 있는 사람 모습이었다. 내면의 분노를 일종의 데스노트에 담아낸 것처럼 느껴졌다. 겪고 있는 불안감을 표현한 것만 같아서 안타깝고 답답한 마음이 들었다.

간신히 그날의 수업을 마치고 담당 선생님과 이야기를 했다. 필자는 솔직히 이 상태로는 교육을 할 수 없겠다는 말을 전했다. 실제 6~8회에 걸쳐 수업을 해야 하는데 자신이 없었다. 그런데 담당 선생님은 '그래도 무엇이라도 해달라'며 부탁을 했다. 필자는 그곳에 모인 청소년들이 어떤 상황인지를 물었다. 선생님은 다들 우여곡절을 겪은 사연과 상처가 많다고 하였다. 청소년들은 이미 약 1년 정도의 사전 프로그램을 수료하였기에, 반드시 창업이라는 결실을 맺어야 한다고 하였다. 선생님의 부탁이 너무도 간절한 데다 청소년들의 사연을 듣고는 차마 못하겠다고 할 수가 없었다.

필자는 더욱 청소년들의 흥미와 필요에 맞게 철저한 준비를 하여 교육을 이어갔다. 그런데 놀랍게도 엎드려만 있던 청소년들이 날이 지날수록 한 명씩 한 명씩 일어나는 것이었다. 그리고 필자의 강의에 관심을 갖기 시작했다.

하지만 필자는 이 청소년들이 창업을 해내리라고는 생각지 못했다. 이들이 무슨 의지가 있어서 창업을 하겠나? 마지막 수업을 마치고 담당 선생님과 이야기를 나누다가 필자의 솔직한 심정을 이야기했다.

"제가 보기에는 창업을 하면 안 될 것 같습니다. 괜히 되지도 않는 것을 시작하면 선생님도 괴롭고 청소년들도 괴로울 수 있습니다."

그런데 선생님의 대답은 뜻밖이었다.

"맞습니다. 의지도 능력도 없는 아이들입니다. 그래서 이제부터 청소년들의 의지를 일으키면서 창업을 하려고 합니다."

순간 필자의 눈이 동그래졌다. 선생님은 필자를 똑바로 바라보며 '창업해서 성공하기 위해서 우리가 무엇을 해야 하나요'라고 물었다.

필자는 잠시 생각을 정리한 후 창업 성공을 위한 조건 세 가지를 말했다.

첫째, 이 청소년들을 기업의 직원으로 만들 것인지, 주인이 되게 할 것인지를
　　　결정해야 한다.
둘째, 창업 후에 지금처럼 프로그램 방식으로 할 것인지 아니면 실제 기업처
　　　럼 할 것인지를 확실히 정해야 한다.

　　그러자 선생님은 '직원은 알겠는데 주인은 무엇이냐, 또 프로그램 방
식과 기업 방식의 차이가 무엇이냐'고 물었다.

　　필자는 '주인은 기꺼이 조직과 운명을 함께하려는 사람이다'라고 하
였다. 그리고 '프로그램 방식과 기업 방식의 차이는 간단하다. 기업은 돈
을 벌어서 그 돈으로 보상, 즉 임금을 주는 것이며 프로그램 방식은 돈
을 벌지 못해도 지원금 등 다른 외부 자원을 끌어와서 부족한 임금을
메꿔주는 방식이다. 그러므로 프로그램 방식은 기업 방식과는 달리 자
기 스스로 노력하여 이룬 만큼 가져가는 게 아니다'라고 대답해주었다.

　　필자의 설명을 들은 선생님은 '기업 방식으로 하려면 어떻게 해야 하
는지'를 물었다. 필자는 다음과 같이 설명을 했다.

　　'기업 방식은 간단하다. 노력하여 번 만큼 가지고 가면 된다. 절대로 밖
에 손 벌리지 않고 자기가 노력하고 고생한 성과를 얻는 것이다. 물론 아
무리 노력해도 실제로는 돈을 못 벌 수 있다. 그래도 그런 전제에서 시작
해야 하는 것이다'라는 필자의 설명을 들은 선생님은 고개를 끄덕였다.

셋째, 기업을 정말로 끝까지 책임을 지고 갈 리더가 있어야 한다.

　　리더가 뭐냐고 묻기에 회사로 보면 대표 또는 경영자라고 답했다. 선
생님이 '우리는 청소년 사회적 기업을 추구하는데, 그러면 이 청소년 중
한 명이 대표가 되는 것인가요?'라고 물었다. 거기에 대해 '아니다'라고
했더니 이번에는 '그럼 교사인 내가 대표가 되는 것인가요?'라고 물었다.

그러면서 선생님은 다음과 같이 말했다.

"저는 사실 기업을 운영해본 적이 없고 항상 아이들을 가르치기만 했던 사람인데 제가 어떻게 할 수 있겠어요?"

"리더는 누가 하라고 하는 게 아니라, 스스로 내가 하겠다고 하는 것입니다."

필자는 선생님의 걱정에 대해 뭐라 대답을 할 수 없었다. 잘 되기를 바란다는 덕담을 전하며 헤어졌다.

그 후 3년이 지난 2014년도 가을 즈음, 그 선생님과 연락이 되었다. 마침 궁금하던 차여서 인터넷으로 검색해보니 꽤 유명해져 있었다. 그 선생님이 대표이사였다. TV 프로그램에 출연하고, 책을 내는 등 청소년 창업의 대표적인 성공 사례가 되어 있었다. 필자는 마침 대안학교 청소년들의 진로교육을 준비하고 있던 터라 관련해서 준비팀 참여를 부탁도 할 겸 찾아갔다. 나는 솔직히 그때 잘 안 될 거라고 생각했는데, 어떤 노하우가 있었는지 성공 비결을 물었다. 그랬더니 놀랍게도 필자가 하라는 대로 해서 성공했다는 것이다. 참여한 청소년 모두 주주가 되고 임원이 되어, 각자 일을 해서 번 돈으로 매달 조금씩 출자하였다. 선생님이 자랑스럽게 말했다.

"청소년들의 임금을 외부에서 가져다가 채워주지 않았습니다. 번 만큼 가져갔습니다. 그리고 경험은 없었지만 제가 결심을 해서 대표가 되었습니다."

필자는 대표가 된 선생님과 주인이 된 청소년들이 너무도 자랑스러웠다.

사례 2: 케어 중심의 프로그램이 갖는 한계

청소년기관들이 청소년의 사회 진출을 위한 프로그램을 많이 한다. 일 경험 프로그램도 하고 창업 프로그램도 하는데, 대부분 청소년의 자립을 목표로 한다. 그런데 정작 자립에 성공하는 경우는 매우 드물다.

대학교에 청소년들이 운영하는 카페가 있었다. 청소년 쉼터에서 생활하는 학교 밖 여성청소년들이었다. 대학교 학생회에서 이들을 위해 학생회관 휴게실에 커피 매장을 내게 해준 것이다.

당시 필자는 마침 같은 지역에 있는 다른 대학교에서 사회적 기업 교육을 하고 있었는데, 그 카페 담당자가 참여하고 있었다.

담당자가 자립을 하려면 어떻게 해야 하는지를 물었다. 필자는 앞서 말한 것과 똑같이 세 가지 조건을 이야기해드렸다. 그랬더니 담당자의 얼굴이 밝지 않았다.

그렇게 헤어진 후 2014년도에 다시 만나게 되었다. 담당자가 자신이 2년 동안 관리하다 다른 곳으로 발령이 나서 2년 동안 가 있었다고 하였다. 그런데 그곳에서 4년을 관리했는데도 자립이 안 되어서 다시 자신을 컴백시켰다고 했다. 그러면서 이렇게 물었다.

"어떻게 하면 아이들이 자립을 할 수 있습니까?"

필자는 '그건 이미 전에 말씀드리지 않았습니까?'라고 하였다. 그리고 그 세 가지를 실천하면 자립할 수가 있는데 그렇게 하지 않으셨냐고 반문했다. 필자의 말에 담당자는 정말 그렇게 하면 자립을 할 수 있는지 확신이 서지 않았다고 하였다. 그래서 필자는 앞서 소개한 청소년 사회적기업의 사례를 이야기해주었다.

그 담당자는 몰라서 못 한 게 아니라 알고도 하지 않은 것이다. 물론 대부분의 청소년 쪽에 관련된 분들이 자립을 위해 뭘 해야 하는지 몰라서 못하는 경우가 많다. 그런데 사실 방법을 알려드려도 실천을 하는 분들은 매우 드물다. 왜냐하면, 오랫동안 익숙해져 있는 케어와 관리 중심의 복지에서 벗어나지 못하기 때문이다.

정말로 청소년이 자립을 하려면 자기 스스로 주체가 되어 목표를 정하고 실천력과 책임감을 가지고 피나는 노력을 기울여야만 한다. 그런데 지금의 청소년 프로그램들은 케어와 지원은 있지만 청소년들이 스스로 목표를 정하고 거기에 맞게 행동을 하게끔 하는 과정이 빠져있는 것이 현실이다.

필자는 담당자에게 스스로 노력에 대한 정당한 보상과 합당한 책임을 지도록 하는 과감한 변화를 시도해 보라고 조언을 해주었다. 그랬더니 그런 방향으로 해보겠다고 하며 돌아갔다.

사례 3: 대안학교 청소년 직업진로 프로그램

대안학교에는 3가지 유형이 있다.

하나는 청소년이나 그 부모들이 자발적으로 기존 교육과 다른 교육을 선택해서 가는 대안학교, 다른 하나는 학교에 적응하지 못해 자퇴한 아이들이 가는 대안학교가 있다. 마지막으로 학교를 군이 그만두고 싶지 않았는데 학교로부터 쫓겨나서 가는 대안학교가 있다.

필자가 처음 만난 대안학교는 첫 번째 유형이었다. 이 대안학교의 고민은 학생들이 졸업 후 사회에 잘 안착하지 못한다는 것과 대학에 진학하는 경우가 늘고 있다는 것이었다. 대안학교의 본래 취지는 공교육 제도의 문제점을 보완하여 개인 특성에 맞는 교육을 실시함으로써 대학교에 가지 않더라도 충분히 행복하게 살아갈 수 있는 사람으로 키우는 것이다. 그런데 현실은 그렇지 않다는 데 문제가 있다.

예전에는 대안학교 학생들의 대학 진학률이 20%가 안 됐었는데 지금은 50%가 넘는다고 한다. 그리고 졸업한 후 사회에서 잘 살고 있는가, 자립을 하고 있는가를 봤더니 그렇지 못하다는 것이다. 상황이 이러하다 보니 대안학교가 교육적 목표에 부합되게 운영되고 있는가 하는 부분들에 대해서 의문이 생기기 시작하였다. 부모님들이나 학생들이 자립에 대한 지원과 대책이 있어야 하는 것 아니냐는 욕구도 증가하고 있었다.

하지만 사실 대안학교도 자립에 대해서는 체계적인 방책이 없는 게 현실이다. 필자가 들여다보았더니 대안학교에 체계화된 자립 커리큘럼이 거의 없었다. 그래서 필자는 대안학교 학생들의 자립을 위해 두 가지 프로젝트를 진행하였다. 하나는 대안교육연대와 함께 '직업진로 프로그램'을 진행하였다. 다른 하나는, 이것이 인연이 되어서 경기도에 있는 대안학교 청소년들과 함께 푸드바이크 프로젝트를 진행하게 되었다.

먼저 '직업진로 프로그램'을 소개하겠다. 대안학교 청소년들이 사회에 진출할 때 자기의 가치에 맞게 살도록 하는 것이 대안학교의 목적이 아니겠는가? 따라서 일반 기업보다는 사회적 기업이 대안학교 학생들에게 적합한 직업진로의 방향이 될 것이라고 보았다. 그래서 사회적 기업으로 진출하는 것을 목표로 프로그램을 진행하였다.

확실히 대안학교 학생들은 자기표현도 잘하고 프로그램도 잘 수행하였다. 필자가 보기에도 참으로 멋있는 청소년들이었다. 그런데 이 청소년들을 만나면서 직업에 대해 잘못 인식하고 있다는 것을 알게 되었다.

하나는 청소년들이 일을 하찮은 일과 중요한 일로 구분하는 것이다. 그래서 자기는 죽어도 하찮은 일에 매달리는 것은 싫다고 하는 것이었다. 필자는 대안학교에서 '모든 노동은 다 똑같이 존중받아야 하는 소중한 일'이라고 가르쳤다고 생각을 했는데, 막상 학생들은 가치 없는 일과 가치 있는 일로 구분하고 있었던 것이다. 즉 직업의 귀천을 나누고 있었던 셈이다.

그러한 사실을 알고 필자는 청소년들에게 이렇게 말했다. 기업이나 조직에서 하찮은 일과 중요한 일이 따로 있는 것이 아니다. 다만 해야 할 일과 하지 말아야 할 일이 있을 뿐이다. 예를 들어 손님이 왔을 때 커피를 타주는 것은 하찮은 일 같지만 이것은 고객 응대 차원에서 반드시 해야 할 일이다. 반면, 상급자가 하급자에게 개인적으로 커피 심부름을 시키는 것은 하지 말아야 할 일이다. 모든 업무는 해야 할 일과 하지 말아야 할 일로 구분해야 하는 것이지, 하찮은 일과 중요한 일로 구분하는 태도는 옳지 못하다. 이렇게 한참을 설명했지만 청소년들은 전혀 반응이 없었다.

둘째는 교육형 노동과 생산형 노동을 구분하지 못하는 것이다. 기업에 직업 체험이나 인턴을 보내는 상황에서 이러한 경우를 숱하게 발견할 수 있다. 청소년들을 기업에 인턴으로 보내는 것은 인턴 활동을 통해 직업 현장의 실제적인 업무를 체험해보고 배우라는 것이다. 그러나 청소년들은 그것을 배움이 아닌 일종의 노동으로 생각하고 있었다. 노동으로 여기고 있으니 인턴 활동을 하고는 당연히 돈을 받아야 한다고 생각하는 것이다. 냉정하게 생각해보자. 기업은 돈을 벌지 못하면 망한다. 기업은 돈을 버는 데 기여한 직원들에게 보상으로 돈(임금)을 주는 것이다. 그러면 기업의 돈은 누가 버는가? 바로 직원들이다. 그런데 청소년들이 인턴으로 가서 그 기업에 돈을 벌어다 줄 수 있는가? 실제로 그건 어렵다. 그런데 왜 인턴 활동에 대한 돈을 요구하는가? 회사의 직원들은 돈을 벌어 오기 때문에 임금을 요구하는 것이 정당하다. 그런데 청소년들이 인턴으로 기업에 가는 것은 돈을 벌기 위해서가 아니라 일을 배우기 위해서 가는 것이다. 그렇기 때문에 청소년 여러분은 근로자가 아니다.

이렇게 열심히 설명했지만 그래도 몇몇 청소년들은 받아들이지 않았다. 분명 이를 구분할 기준이 있을 거라고 생각하여 인터넷을 검색하였다. 우리나라에는 그런 자료가 없었고, 다행히 미국 자료를 찾을 수 있었다.

미국의 무급 인턴의 6가지 기준

1. 인턴십은 실제 업무가 포함되더라도 교육적인 환경과 비슷하게 수행돼야 한다.
2. 인턴십은 인턴의 이익을 위해서 이루어져야 한다.
3. 인턴은 정규직 직원의 업무는 대체하지 못한다. 그러나 업무는 기존 직원의 감독하에 이뤄진다.
4. 고용주는 인턴의 활동에 대해서 즉각적인 이득을 바래서는 안 된다.
5. 인턴은 인턴십으로 얻는 지위에 맞는 자격을 반드시 필요로 하지 않는다.
6. 고용주와 인턴은 반드시 무급으로 인턴십이 진행된다는 것을 알고 있어야 한다.

–연방 공정노동기준법(the Federal Fair Labor Standards Act)

이 기준을 보여주며 다시 설명하니 그제야 청소년 대부분이 납득하였다. 그런데 가장 똑똑하다고 생각했던 한 청소년이 자기는 돈을 안 주면 절대 하지 않겠다고 하였다. 결국 그 청소년은 인턴 활동에 참여하지 않았다.

셋째는 청소년들이 직업의 세계를 전혀 모르고 있다는 점이다. 현재 학교교육에서 이야기하는 직업 탐색이라는 것은 직업의 종류를 둘러보는 것이지 직업을 구성하는 핵심 요소들을 알려주지 못한다. 대안학교에 있는 청소년도 직업의 세계에 대해서는 전혀 모르고 있었다. 교육형 노동과 생산형 노동을 구분하지 못하는 것은 직업 세계의 요소 중 노동관계에 대해서 모르기 때문이다. 직업 세계를 모르니, 막상 기업에 일 경험을 가거나 취업했을 때 잘 적응하지 못하여 힘들어하고 빨리 그만두고 기업을 무서워하고 노동에 대해 부정적인 인식을 갖게 되는 것이다.

사례 4: 푸드바이크 프로젝트

대안학교 청소년들에게 필자가 만든 일 경험 프로그램을 적용해 보았다. 그것이 바로 푸드바이크 프로젝트이다. 대안학교 직업진로 프로그램에 참여한, 독특한 청소년이 있었는데, 자기는 학력이 전혀 없다는 것이다. 의무교육이 실시되고 있는 대한민국에서 학력이 전혀 없다니 그게 말이 되는 일인가? 그런데 부모가 동의하면 의무교육을 받지 않아도 된다는 것이다. 자기는 초등학교 4학년 때 '래퍼'가 되겠다는 꿈을 정하고 부모님에게 학교를 그만두겠다고 했단다. 부모님도 자기 뜻을 존중하여 대안학교로 보냈다고 한다.

대안학교 청소년 직업진로 프로그램을 마치고 한 달쯤 지나서였다. 한 대안학교에서 연락이 왔다. 한 청소년이 푸드트럭을 하고 싶은데, 마침 '사람마중'에서 푸드트럭 지원 사업을 한다는 사실을 알게 되어 연락했다고 하였다. 그분의 제안을 받아들여 한번 시도해 보기로 하고, 만나보니 래퍼를 꿈꾸는 바로 그 청소년이었다. 왜 푸드트럭을 하려느냐고 물었다.

"저의 꿈은 래퍼예요. 내년이면 졸업하고요. 래퍼의 길을 가는 형들을 봤는데 사는 게 너무 비참하고 먹고사는 데 문제가 많았어요. 대부분은 너무 힘들어서 도중에 그만두더라고요. 저는 정말 끝까지 래퍼를 할 것이기 때문에 생계 문제를 어떻게든 스스로 해결을 해야 한다고 생각해요. 우연히 유튜브에서 푸드트럭 영상을 보았을 때, '아! 저거면 내가 돈을 벌면서 래퍼를 할 수 있겠구나' 하고 마음을 정했어요. 마침 대안학교 직업진로 프로그램에 참여했다가 사람마중 홍보할 때 푸드트럭을 지원한다는 이야기를 듣고 선생님께 부탁을 드렸어요."

필자는 청소년이 매우 대견하였다. 그런데 문제가 있었다. 푸드트럭을 하기 위해서는 사업자 등록을 해야 하는데 청소년에게는 사업자 등록증이 나오지 않는다. 성인이 될 때까지는 할 수 없는 사업이었다. 또한 푸드트럭을 하려면 최소 2~3천만 원 정도가 필요한데 그 돈을 마련하는 것도 문제였다.

그래서 한 가지 묘안을 생각해냈다. 성인이 될 때까지는 좀 더 저렴하게 할 수 있는, 푸드트럭의 전 단계인 푸드바이크를 먼저 해보자고 한 것이다. 마침, 경기도에서 푸드바이크를 도입하겠다고 경진대회 공고가 났었다. 그런데 이 청소년 혼자만 할 게 아니라 대안학교에 있는 다른 청소년들이 함께하면 좋을 것 같다는 생각이 들었다. 학교 측에 제안을 해서 청소년 6명이 참여하게 되었다.

청소년들 간의 '협동과 성실'을 통해서 직업진로를 찾아가자는 목표로 푸드바이크 프로젝트를 시작했다. 우선 3월에 개최되는 경기도 푸드바이크 경진대회에 입상하는 것을 1차 목표로 삼았다. 마침 대안학교가 있는 지역에 사람들이 많이 모이는 큰 호수공원이 있었다. 지자체에 제안을 하여 그곳에 푸드바이크를 입점시키는 것을 2차 목표로 하였다.

그렇게 해서 2016년 12월부터 2017년 3월까지 푸드바이크 프로젝트가 진행되었다. 디자인팀과 제작팀으로 나누어 역할 분담을 하면서 함께 협동하였다. 디자인에 관심과 재능이 있는 청소년들로 디자인팀을 꾸려 푸드바이크 디자인을 개발하고, 자전거에 관심이 있는 청소년들은 제작팀을 구성하여 자전거 제작 기술을 배워 푸드바이크를 개발하는 것을 과업으로 정했다. 그 청소년은 제작팀에 속해 자전거 기술을 배우는 동시에, 메뉴 개발을 위해 우리나라에서 가장 맛있는 타코야끼를 만드는 사회적 기업 K2인터내셔널코리아에서 한 달 동안 요리와 손님 응대법을 배웠다. 두 팀은 팀별 활동과 공동 활동을 하면서 과업을 수행했다. 그러한 과정을 거쳐 드디어 푸드바이크가 탄생하였다. 이듬해 3월에 열린 경기도 푸드바이크 경진대회에 참여한 유일한 청소년팀이었고, 성인 참가자들과 경쟁하여 장려상을 받았다.

청소년들이 제작한 푸드바이크를 본 한 블로거는 다른 푸드바이크들은 기존의 틀에 맞추어져 있는 데 비해 이 푸드바이크는 가장 독특하고 인상적이라고 평하였다.

이듬해 그 청소년은 청년이 되었다. 그는 그때부터 푸드바이크 대신 푸드트레일러로 장사를 했고, 2019년도에는 '예술의 전당'에 입점하였다.

인연을 맺은 지, 2년 6개월이 지난 2019년 6월경에 그 청소년의 어머니에게서 전화가 왔다. '사람마중은 저희 가정의 은인입니다'라며 감사의 말을 전했다. 필자가 아니라고 하자 '부모가 못한 일을 하시지 않았습니까?'라며 진심으로 감사의 마음을 전해왔다.

이 성공의 과정이 수월했던 것만은 아니고 진짜 우여곡절이 많았다. 푸드바이크 프로젝트에 참여한 다른 청소년들이 이 청소년을 좋아하지 않았다.

우여곡절 끝에 푸드바이크를 마치고 나서, 실제 장사를 할 수 있도록 푸드트레일러를 빌려주고, 마침 사람마중이 마포농수산물시장의 '푸드트럭존' 일부를 계약하게 되어 그곳에 입점시켰다. 그런데 현장에 나가보니 주인의식이 없이 머리, 복장 등 위생에 전혀 신경을 안 쓰고, 입/출점 시간도 잘 지키지 않았다. 더 황당한 것은 부모님이 와서 장사를 하고, 정작 본인은 부모님에게 이래라저래라 지시하며 지켜만 보고 있는 것이었다. 그 광경을 보고 필자는 부모님에게 다음과 같이 이야기했다.

"한 번만 더 부모님이 나와서 장사를 하시면 사업을 그만두게 하겠습니다."

필자의 단호한 말에 부모님은 알겠다고 했지만, 그 후에도 필자가 현장에 나타나면 부모님은 슬그머니 어디론가 숨어버렸다. 다른 푸드트럭 운영자에게 물어보니 여전히 부모님이 장사를 한다는 것이었다. 그리고 타코야끼도 배운 대로 하지 않고 자기 멋대로 만들어 맛이 없었다. 그렇게 그 청소년은 아무런 변화 없이 2017~18년까지 2년을 장사하고 나서 푸드트레일러를 반납했다. 2년 동안 사람마중은 푸드트레일러 대여료를 한 푼도 받지 않았다.

그런데 2019년 4월에 연락이 왔다. 예술의 전당에서 푸드트럭 입점 공고가 났는데 들어가고 싶다면서 푸드트레일러를 다시 빌려달라는 것이었다. 지난 과정을 생각할 때 좀 어이가 없었지만 '정말 하고 싶냐?'라고 물었고 '정말 하고 싶다'고 해서 사무실로 불러 마주 앉았다. 그 자리에서 필자는 '네가 나라면 너한테 푸드트레일러를 빌려주고 싶겠냐?'라고 물었다. 그랬더니 스스로 민망해하며 '아니지요'라고 말하였다. 필자가 '맞다. 솔직히 빌려주고 싶지 않다. 그리고 회사 사람들이 다 반대한다'라고 말하자 고개를 숙이며 거듭 죄송하다고 하였다. 필자는 다시 한 번, '그런데도 꼭 하고 싶냐?'고 물었다. 그랬더니 '꼭 하고 싶어요'라고 대답하였다. 민망해하면서도 물러서지 않는 모습을 보니 전과 조금은 달라지지 않았나 하는 생각이 들었다.

필자는 다시 시작하는 조건으로 세 가지 약속을 지킬 것을 다짐 받았다. 첫째, 푸드트레일러를 번쩍번쩍 빛이 나도록 깨끗하게 관리해라. 둘째, 성실해라. 반드시 입점 1시간 전에 들어오고 빠지는 날이 없도록 해라. 셋째, 우리나라에서 제일 맛있는 타코야끼를 만들어라. 이 세 가지 약속을 지키겠다고 하면 빌려주겠다고 하자 그 청년은 '예! 반드시 그렇게 하겠습니다'라고 약속하였다.

그 후 진짜로 약속을 지켰다. '예술의 전당'에 입점한 후 한 달 매출이 1,600만 원이나 오를 정도로 성공하였다. 번 돈을 부모님에게 드렸고, 그러자 부모님이 필자에게 전화를 하였던 것이다.

2016년 12월부터 2019년까지, 자립의 열매가 맺기까지 3년이 걸린 셈이었다. 사람마중이 들인 돈이 2천만 원이 넘는다. 사람들은 자립할 자질이 보이지 않는데 무엇을 믿고 지원했는지 의아해한다.

하지만 사람마중은 원칙이 있다. 우리가 먼저 인연을 끊지 않는다는 것이다. 본인이 인연을 끊으면 어쩔 수 없지만, 우리가 먼저 '당신은 안 될 거야, 절대 될 수 없어, 그만하자'라며 포기하는 경우는 없다. 비록 시간이 오래 걸리더라도 하고, 결코 한번 맺은 인연을 먼저 끊지 않는다. 그 원칙은 앞으로도 계속될 것이다.

사례 5: 학교 밖 여성청소년들의 세상으로 나아가기

학교 밖 여성청소년들을 지원하는 기관이 있는데, 필자가 기관장님과 인연이 있었다. 그분이 전에 대안학교를 운영할 때, 그곳에 가서 사회적 경제, 사회적 기업에 대한 강의를 한 적이 있었다. 필자가 푸드트럭을 통해 청소년들에게 자립의 기회를 주자고 한 1년 동안 그분을 설득하였다. 그러나 그분은 아직 청소년들이 준비가 안 되었다고 하였다. 그러던 어느 날 그분에게서 전화가 왔다. '이제 우리 청소년들이 준비가 되었다. 한번 해보자'고 하였다. 그렇게 시작하였다.

곧바로, 창업에 필요한 첫 단계로 교육을 하였다.

첫 번째로, 푸드트럭의 역사 및 창업에 필요한 핵심 내용 등 이론 교육을 하였다. 두 번째로 메뉴를 선정하고 조리하는 법을 배우도록 하였다. 세 번째로 푸드트럭 디자인 교육을 하였다. 전문 업체와 청소년들이 공동 작업으로 브랜드명과 웹핑용 디자인을 개발하였다. 그리고 푸드트럭을 제작하여 빌려주고 마포농수산물시장 '푸드트럭존'에 입점시켰다. '원스탑-토탈' 지원을 한 것이다.

그런데 청소년들이 사람들 앞에 나서지를 않았다. 음식 장사는 대면 서비스 장사인데. 조력하는 선생님 말씀이 판매를 담당하는 청소년들이 쭈뼛쭈뼛하며 자꾸 뒤로 숨는다는 것이다. 그래도 뭐라 하지 않고 기다리며 지켜보았다. 시간이 지나면서 청소년들이 조금씩 사람들 앞에 나서기 시작했다. 드디어 자기 자신을 드러내기 시작한 것이다. 차츰 손님들을 향해 인사를 하며 반갑게 '어서 오세요, 맛있어요, 여기로 오세요, 맛있게 드세요, 맛있지요, 꼭 다시 오세요'라며 밝은 표정으로 서비스를 하였다. 그렇게 푸드트럭을 통해 청소년들은 자신감을 가지게 되었으며 지금은 지역사회 행사를 다니면서, 지역사회 사람들과 교류하며 자립 활동을 하고 있다.

참여했던 청소년들이 자신의 상황으로 인해 움츠려 있었는데 푸드트럭으로 장사하면서 자신감이 생긴 것이다. 사람들 앞에 당당하게 나서야만 자신감도 생기고 사회에 적응할 능력도 기를 수 있게 된다.

아무리 많은 말로 설득을 하거나 설명해도 소용이 없다. 청소년들에게는 말로 하는 격려보다는 실질적인 도움이 더 필요하다. 푸드트럭에서 힘들게 돈을 버는 것, 정말 무엇이 자기에게 좋은 일인지 경험을 통해 알게 되면서 스스로에 대한 자부심을 갖게 된다. 어떤 설교나 충고보다 진짜 자기 체험과 자기의 경험을 통해서 그런 것들을 체득하고 극복하게 되는 것이다. 청소년들에게 푸드트럭 프로젝트는 빨리 돈을 벌어 자립하라는 게 아니다. 자기의 감추고 싶었던 것들을 극복하면서 세상에 나아가고, 자기의 장점을 살려 자립 역량을 키워내는 교육에 더 큰 의의가 있다.

푸드트럭은 이를 체득하는 데 매우 효과적인 방법이다. 푸드트럭을 하면 별일을 다 겪게 된다. 그것을 통해서 실제적인 삶의 경험과 지혜를 터득하게 된다. 청소년들에게는 창업을 위한 교육이 아니라 일종의 실전 훈련으로, 세미 창업 프로그램으로 매우 큰 효과가 있다.

사례 6: 범죄 경험 청소년 교육

2016년 여름에 보호관찰소에서 연락이 왔다. 보호관찰 중인 청소년들의 자립 교육을 하는데, 고용센터에 도움을 요청했더니 사람마중을 소개해주었다고 하였다. 교육 장소는 보호관찰소 내 교육실이라 하였다.

본격적으로 교육에 들어가기 전에 보호관찰소가 어디에 있는지, 교육 공간은 어떠한지 궁금해 먼저 방문을 하였다. 성인들이 교육을 받고 있었는데, 강사의 강의는 아랑곳하지 않고 모두 엎드려 자고 있었다. 흔한 일이다. 살펴보니, 교육실의 무미건조함에 숨이 탁 막혔다. 사방이 회색 벽으로 막혀 있고 작은 창문 몇 개가 있을 뿐이었다. 그런 곳에서 교육을 받는다면 필자도 엎드려 잘 것 같았다.

담당자에게 청소년들에게 어떤 교육을 하고 싶은지 물었다. 담당자는 직업을 체험할 수 있는 프로그램을 하고 싶다고 대답했다. 필자는 푸드트럭을 체험하도록 해보면 어떻겠느냐고 제안하였다. 메뉴는 호주산 큐브 스테이크를 추천하였다. 담당자는 필자의 제안에 고개를 끄덕이며 동의를 표시했다. 필자는 직업진로 체험교육이 제대로 되려면 교육 장소를 바꿔야 한다고 말했다. 푸드트럭 체험은 우리 회사 1층 주차장에서 하고, 진로 강의는 회사 앞 길 건너편에 좋은 카페가 있는데 거기 3층을 빌리겠다고 하였다. 좋은 곳에서 맛있는 것 먹으면서 교육을 하고 싶다고 제안했다. 담당자는 좋은 생각이라고 하면서도 예산이 없다며 난색을 표했다. 필자는 예산은 우리 회사에서 전부 감당하겠다고 하였다.

우선 푸드트럭을 가져와서 주차장에 설치하고 시범을 보인 후 청소년들에게 자기가 먹을 스테이크를 자기가 만들어 먹게 하였다. 그다음엔 길 건너 카페에 가서 각자 먹고 싶은 음료를 고르게 했다. 나중에 계산서를 보니 어마어마한 금액이 찍혀있었다. 모두들 평소 먹어볼 수 없었던 비싼 메뉴를 고른 것이다. 비록 예상 밖의 지출을 했지만 청소년들의 밝은 모습이 보기 좋았다. 필자가 '나의 행복'이라는 주제로 특강을 했다. 약 50분 정도의 강의를 마치고 헤어지기 전에 보호관찰소 담당자에게 교육이 어땠는지 물어보았다. 담당자는 밝게 웃으며 대성공이라고 하였다. 엎드려 자는 청소년이 한 사람도 없었다는 것이다. 특히, 한 청소년은 지금껏 단 한 번도 자지 않은 적이 없었는데 이번엔 그렇지 않았다는 것이다. 필자가 보기에도 청소년들이 크게 기쁘고 즐거워하는 얼굴이었다. 교육은 어떻게 준비하느냐에 따라서 효과가 달라진다. 만약 청소년들을 보호관찰소 교육장에 모아놓고 공자 왈 맹자 왈 했다면 여지없이 엎드려 잤을 것이다. 청소년들도 남는 게 없고 필자에게도 무의미한 시간이 되었을 것이다. 청소년들이 정말 좋았던 게 뭐였을까? 일단 '재미'가 있었다. 큐브 스테이크를 만들면서 철판에서 불쇼가 일어날 때마다 우와~! 하는 함성이 일었다. 그리고 다른 사람이 만들어준 것이 아니라 자기가 직접 만들어 먹는 '성취감'도 있었을 것이다. 마지막으로 좋은 카페에서 평소 먹을 수 없었던, 꼭 먹고 싶었던 비싼 음료를 먹은 '실제적인 이익'이 있었다.

사람마중은 프로그램을 설계할 때 이 3가지 '재미, 성취, 실제적 이익'의 원칙에 따른다. 사람마중의 프로그램이 참여성, 지속성, 효과성이 높은 이유가 바로 이것이다. 오랜 기간 축적되어온 사람마중의 노하우인 것이다.

전반적인 청소년 상황에 대해

고등학교를 졸업하고 진학이나 취업을 하지 않은 경우가 30% 이상이다. 진학과 취업을 하였다고 해도 모두 진로가 설정된 것은 아니다. 진학이든 취업이든 진로 설정이 안 된 상태에서 한다. 적어도 청소년 중 60% 이상은 진로를 설정하지 못하였다. 진로 설정을 위한 여러 프로그램을 반복적으로 실시하는 데도 왜 안 되는 것일까?

의문을 풀기 위해서는 현실을 아주 냉정하게 바라보아야 한다. 주요한 청소년 유형별로 살펴보겠다.

아동양육시설 청소년

양육자가 없거나 양육자가 아동을 키울 수 없는 경우, 아동복지법에 따라 정부가 시설이나 개인에게 양육을 위탁하게 된다. 이를 아동복지시설이라고 하는데, 그 중에 규모가 큰 곳이 양육시설이다. 이전에는 '보육원'이라고 하였고, 그 이전엔 '고아원'이라고 하였다.

여기에서 살고 있는 아동은 만 18세가 되면 원칙적으로 시설에서 퇴소해야 한다. 퇴소한 청소년들은 대부분 사회에서 매우 어렵게 살고 있다. '자살, 빈곤, 범죄'의 고통에 처한 경우가 많다. 그 이유는 퇴소 전에 자립 준비가 충실하지 못해, 필수적인 자립 역량을 키우지 못했기 때문이다. 왜 자립 역량을 갖추지 못했는가?

아동양육시설에서는 모든 프로그램이 '안전, 관리, 예방'이라는 원칙에서 이루어진다. '아동'과 더불어 '시설 운영자, 종사자'도 위험에 처하지 않아야 한다.

한 사례를 들겠다. 필자와 양육시설의 팀장이 나눈 대화다.

"아, 이 녀석이 자립지원금으로 받은 1,500만 원을 몇 달 만에 다 탕진했어요. 여자 친구 명품가방 사주고, 유흥비로요."

"왜 그랬을까요?"

"철이 없어서, 돈의 소중함을 모르는 거죠."

"그 돈에, 그 청소년의 땀이 한 방울이라도 들어있나요?"

"아니요."

"그 청소년이 아르바이트를 한 경험이 있나요?"

"우리 시설이 생긴지 40년이 넘었는데, 아르바이트를 허락해준 적이 없어요. 무슨 일이 생길지 모르잖아요."

"그러면 많은 청소년들이 아르바이트를 하고 있는데, 그 부모들은 무책임한 건가요?"

"아이들이 아니라, 우리들을 위해서였네요."

그렇게 '보호'라는 정당성으로, 어떠한 '위험'도 감수하지 않으려 한다면 '자립'의 나무는 영양실조에 걸리게 된다.

또 다른 것은 벌에 관한 것이다. 누구나 잘못을 하면 책임을 져야 한다. 이때 꼭 지켜야 할 원칙이 있다. 잘못과 책임은 균등해야 한다.

시설 실무자에게서 사례 하나를 들었다. 한 청소년이 한밤에 몰래 시설에서 나가 편의점에서 맥주 한 캔을 먹고 돌아와 밤새도록 운동장에서 자전거를 탔다. 독자가 이 청소년의 부모라면 어떤 벌을 주겠는가? 그 청소년은 6개월 동안 휴대폰을 압수당하는 벌을 받았다고 한다.

필자는 실무자에게 물었다.

"아니, 선생님 자녀가 그런 잘못을 한다면 똑같이 6개월 동안 휴대폰을 압수하실 건가요?"

"아니죠. 그럴 만한 큰 잘못이 아니잖아요."

필자는 다시 반문했다.

"그럼 이 청소년에게는 왜 그런 큰 벌을 내렸나요?"

그러자 실무자는 다음과 같이 대답했다.

"여기는 가정이 아니라 집단생활을 하는 곳이어서, 다른 아이들이 따라하면 안 되니까 세게 해야 돼요."

이렇게 잘못의 몇 배나 되는 가혹한 벌이 반복되면, 누구나 자신을 지키는 가장 좋은 방법은 아무것도 하지 않는 것이라는 걸 터득하게 된다. 안전하기 위해 무기력해지는 것이다.

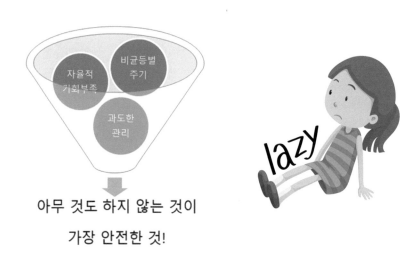

학교 밖 청소년- 1

어느 날 청소년지원센터에서 필자에게 창업 교육을 해달라고 연락이 왔다. 참석 인원은 약 20명 정도라고 했다. 그런데 교육을 하기로 한 당일, 교육실에 들어가니 달랑 4명이 앉아있었다. 게다가 한 명은 교육 중간에 나가버렸다. 실무자는 '너무 힘들어하지 마세요. 행사에 200명이

온다고 했었는데 막상 해보면 잘해야 40명 정도밖에 안 모여요'라며 미안해했다.

필자는 '다 이해한다'고 말했다. 그만큼 프로그램을 진행하는 것은 어려운 일이다. 특히 다수의 청소년이 참여하는 프로그램을 하는 것은 정말 힘들다. 그 원인에 대해 실무자는 '실무자와 청소년 간의 라포'가 잘 형성되지 못해서라고 했다. 원인을 알고 있으면 해결 방안을 찾아야 한다. 필자는 '왜 라포 형성이 안 되느냐에 대해서 질문을 해야지, 라포 형성이 안 돼서 프로그램을 못 한다고만 하면 해결되지 않는다'고 말했다.

그렇게 라포 형성 없이 프로그램을 진행하려다 보니 청소년지원기관에서는 매번 단발성 프로그램만 하게 되는 것이다. 라포는 개인과 개인 간의 신뢰에서 형성되는 것이지 프로그램을 통해서 가능하지 않다. 청소년기관은 라포 형성하는 활동에 집중해야 한다. 라포 형성에 큰 관계가 없지만, 자립 역량을 키우는 프로그램들은 사회적 협력을 통해 해결해야 한다.

프로그램은 라포의 기반 위에서 분명한 원칙을 가지고 설계되어야 한다. 앞서도 얘기했듯이 '재미, 성취, 실제적 이익'은 청소년 프로그램에 필수적인 요소이다. 만일 그런 요소를 충족하는 프로그램이라면 참여율이 저조하지 않을 것이고, 단기 프로그램으로 끝나게 되지는 않을 것이다.

학교 밖 청소년- 2

쉼터 청소년들은 학교와 더불어 가정에서도 나온 경우다. 쉼터는 입소 후 1년~2년 이내에 퇴소해야 한다. 그들이 쉼터에 오게 된 대부분의 원인은 가족에 의한 학대나 가정 해체이다. 그래서 쉼터를 나가더라도 가정으로 돌아갈 수가 없다. 스스로 자기 살 집을 마련해야 한다. 보증금을 구하려면 죽어라 일을 해야 한다. 쉼터의 역할은 숙식을 제공하고,

그들이 아르바이트를 할 수 있도록 도와주는 것에 집중되어 있다. 아무리 좋은 프로그램이 있어도 할 여건이 안 된다. 이런 상황에서 무슨 진로를 정하고 미래에 대해 생각을 할 수가 있을까? 당장 생계를 감당해야 하는 급급한 현실을 보면 참으로 답답하기만 하다.

산업정보고등학교 청소년

일반 고등학교 3학년 중에 대학이 아닌 취업을 선택하는 경우가 있다. 이 청소년들이 가는 곳이, 1년 과정의 정규 교육과 직업교육을 병행하는 산업정보고등학교다.

그런데 산업정보고등학교를 수료한 후 선택하는 진로를 보면 대학 진학이 대략 40%, 취업이 30%, 없음이 30%이다. 그런데 이곳에서는 특성화 고등학교에서 3년 동안 배울 것을 1년에 배워야 한다. 그러다 보니 상당수 청소년이 진도를 따라가지 못한다. 한 학교의 예를 들어보겠다. 이 학교엔 IT반이 있는데, 대부분 게임 중독인 청소년들이 들어온다. 그나마 3월~4월에는 청소년들이 의욕을 가지기도 하지만, 기초 학습이 안 되어 있다 보니 수업 내용을 알아듣지 못한다. 그러니 대부분 중도에 포기하고 5월 이후부터는 교육 시간에 대부분의 청소년들이 잠을 잔다. 결국은 선생님마저도 의욕을 잃고, 도대체 이런 교육을 왜 하는지 모르겠다는 생각이 든다고 한다. 필자가 청소년들이 그만두지 않느냐고 물었더니, 졸업장을 받기 위해 견디는 것이라고 하였다.

필자는 IT 교육이 아니라 유익한 진로 프로그램을 하는 게 좋지 않을까? 생각했다.

이 청소년들의 진로교육은 방치 상태라고 해도 과언이 아니다. 왜냐하면 진로 프로그램의 권한을 원래 학교인 일반 고등학교가 가지고 있기 때문이다. 청소년이 실제 다니는 산업정보학교에 진로 프로그램 권한과 예산도 줘야만 한다. 그런데 권한과 예산을 주지 않으니까 산업정보 고등학교에서는 충분한 진로 프로그램을 진행하지 못하는 것이다. 게다 가 일반 고등학교는 대학에 진학하려는 청소년들을 지원하는 것만으로 도 벅차다. 이러하다 보니 일반 고등학교에서는 예산이 있어도 그 청소 년들을 위한 제대로 된 프로그램을 못 하니까 실효성이 떨어질 수밖에 없다.

어느 일반 고등학교에서 산업정보고등학교에 다니는 학생들이 일주 일에 하루 돌아오는 날, 진로교육을 해달라고 하여 간 적이 있다. 강의 가 끝나니 점심시간이었다. 한 청소년이 햄버거를 받아와서 나누어주었 다. 다른 청소년들은 다들 학교 급식을 먹는데. 햄버거를 먹던 한 청소 년이 '우리는 이 학교 학생이 아닌 거지!'라고 낮게 말하는 것을 들었다. 일반 고등학교와 산업정보고등학교, 양쪽 어느 곳에도 속하지 못하는 실정이다.

특성화 고등학교 청소년

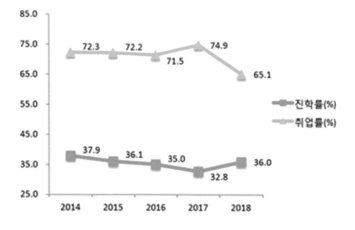

출처: 2018 교육통계 분석 자료집, 통계서비스 공식블로그

2018년 특성화 고등학교의 경우, 취업률이 65.1%, 진학률이 36%이다. 합계가 100%를 넘는 이유는 직업과 학업을 병행하는 경우가 있기 때문일 것이다. 이 통계대로라면 아무 문제가 없는 것이다. 그러나 실제 상황은 많이 다르다. 취업한 청소년들이 6개월 후에 어떠한 상태인지 조사해보면, 적어도 30% 이상이 직장을 그만둔 경우가 많았다. 도대체 왜 이런 일이 벌어지는가?

첫 번째는 형식적인 자격증 위주의 교육이다.

자동차 정비를 가르치는 어느 특성화 고등학교의 사례를 보자. 취업 성공패키지에 참여한 청소년 모두가 자동차 정비 자격증이 있어서, 취업이 잘 되리라 기대하였다. 그런데 카센터에 취업한 학생들 대부분이 3개월 이내에 잘리고 말았다. 카센터 사장님 말씀이, 자격증은 있는데 아는 것이 하나도 없다고 하였다. 어떻게 자격증을 땄는지 이해할 수 없다는 것이다. 결국 그 학생들은 자동차 정비를 배우고 자격증을 취득하기는 했지만 카센터에서 원하는 역량을 가지고 있지 못해 현실적으로 자동차 정비 분야로 취업이 매우 어려웠다. 이런 자격증이 왜 필요한 것인가? 형식적인 자격증이 중요한 게 아니라 실제 현장에서 쓸모 있는 실력을 쌓을 수 있는 충실한 교육이 필요하다. 특성화 고등학교는 교육의 질을 높이고 현장 위주의 실력을 갖추도록 하여야 한다.

두 번째 이유는 청소년들이 첫 직업을 선택할 권리가 제한된다는 것이다. 졸업을 앞두고 취업 활동을 하는 청소년들 상당수가 전공이 아닌 분야로 취업하고 싶어 한다. 전공 분야가 자신에게 맞지 않거나 전공 분야로 취업할 실력이 안 되기 때문이다.

청소년의 역량과 그들이 원하는 방향으로 취업처를 알선하려고 했는데, 학교에서는 첫 취업은 자기 전공 분야나 유사 분야로 해야 한다고 했다. 이유인즉 전공 분야로 취업을 해야 취업률에 반영되기 때문이다. 다른 분야로 취업을 하면 취업 실적에서 제외된다. 그러면 학교는 평가 점수에서 마이너스를 받게 되고 예산을 확보하는 데 어려움이 있다.

도대체 누구를 위한 평가인가? 학생들이 원하는 취업이 아니라 학교의 평가를 위한 취업인 것이다. 이러한 실정이다 보니 대부분이 취업 후 6개월 이내에 첫 직장을 그만두고, 상당수가 방황하게 되는 것이다. 방황의 원인을 청소년에게 있다고 할 수 있는가?

학력 인정 평생교육시설의 청소년

이곳은 교육부 소관이 아니라 노동부 소관이다. 그런데 일정 기준 이상의 요건을 갖춘 경우 교육감이 학교 형태의 평생교육시설로 지정하면, 정규 학교와 마찬가지로 동등한 학력을 인정받게 되며 상급 학교로 진학도 가능하다. 정규 학교에 진학하지 못한 청소년들을 위한 대안학교인 셈이다.

필자가 경험했던 한 학교는 전산정보라는 단 1개의 전공과목만 있었다. 그런데 3년 동안 전산정보 과목을 배운 청소년 중에, 졸업 후 전공 분야로 진학하거나 취업한 사례가 단 1명도 없었다. 왜 그런지 물어보니 여기는 전산정보를 가르치는 게 목적이 아니라 정규 학교에 적응하지 못한 학생들이 와서 자기 삶의 활력을 찾는 곳이라고 하였다. 그러면 3년 동안 특정한 과목으로 전공을 제한하지 말고 자신이 원하는 직업과 관련된 것을 배울 수 있도록 해야 하는 것 아니냐고 물어보았다. 질문을 받은 선생님도 필자의 의견에 동의는 하고 있었다. 그렇다면 바꿔야 한다.

대안학교는 두 가지의 목적이 있다. 하나는 학생이 자기를 치유해가는 것이고 다른 하나는 자립 역량을 키우는 것이다. 청소년들은 자신에게 필요한 지식과 기술을 선택해서 배울 수 있어야 한다. 그런데 왜 이러한 불합리하고 낡은 틀에 청소년들을 억지로 집어넣는 것인지? 대안 교육이 목적이라면 이러한 곳에서는 정서적 자립에 더욱 집중하고, 경제적 자립을 위한 직업교육은 자신이 원하는 것을, 원하는 곳에 가서 교육받을 수 있도록 하면 어떨까? 왜 자기의 직업진로와 아무 상관이 없는 과목을 3년 동안이나 배우고 있어야 하는지, 필자는 이런 방식이 도무지 납득 되지 않았다.

사회적 외톨이 청소년

사회적 외톨이 청소년은 다양한 사회적·환경적·개인적 사유가 복합적으로 작용하여, 건강한 자기 생활·대인관계·사회 활동을 하지 못한 채 정서적·사회적·경제적 어려움을 겪고 있다.

사회적 외톨이가 되는 원인은 다양하며, 그 규모는 청소년 및 청년의 경우 최소 30만 명 이상으로 추정한다.

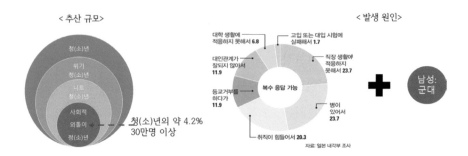

이들이 겪는 핵심적인 사회적 문제는 첫째, 빈곤화 위기다. 사회와 단절된 생활은 신체적, 심리적, 정신적 건강을 악화시키며 직업 역량과 의욕을 상실케 하여 소득 활동을 하지 못하게 됨으로써 부모 등 부양자가 사망하게 되면 생존의 위기에 처하게 된다. 이들은 빈곤해질 확률이 매우 높고, 사회 안전망으로 매우 장기간 지원해야 하는 고위험군이다.

둘째, 사회 공동체의 약화이다. 사회 단절이 발생하는 연령이 낮아지고 지속 기간이 장기화되고, 고령화되어 문제 해결이 갈수록 어려워지고 있다. 이들이 건강한 사회 구성원으로 살아가지 못하고 사회 공동체와 유리됨으로 인해 사회 공동체의 유대망이 약화되는 것이다.

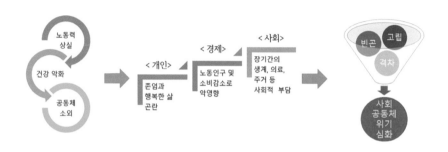

우리 사회에서는 외톨이에 대한 오해가 많다. 여기에는 매스컴의 잘못이 크다. 조현병 환자가 누구를 다치게 하거나 죽이면, 외톨이라고 하며 잠재적 범죄자로 인식하게 한다. 취업을 하지 않고 있는 백수라 하고, 부모에게 의지해서 부족함 없이 사는 캥거루족이라고 하기도 한다. 이러한 부정적 낙인이 너무 퍼져있다. 사실 외톨이들의 대부분은 마음이 매우 여리고, 다른 사람에게 피해를 주는 걸 극도로 두려워한다. 결코 잠재적 범죄자일 수 없다. 자신이 원해서 취업을 하지 않거나 부모에게 의지해 사는 것이 아니라, 그럴 수밖에 없는 이유가 있다. 내재적 힘이 거의 사라진 상태여서, '부모, 친구, 동료' 등 누구와 어떠한 관계도 유지할 수 없기 때문이다.

외톨이 청소년은 전체 청소년의 1% 정도이며, 외톨이가 될 위험에 처해 있는 경우도 3% 남짓이나 된다. 즉, 100명 중 4명이 사회적 단절이라는 위험에 처해 있다고 볼 수 있다.

이 청소년들에 대한 현재의 접근은 크게 두 가지 방향이다. 하나는 니트(NEET, Not in Education, Employment or Training)의 한 유형으로 보고, 전통적인 방식으로 대응하는 것이다. 오프라인 프로그램으로, 개인의 의지를 키워 짧은 기간 내에 사회 복귀와 경제적 자립을 이루려고 한다. 하지만 니트는 부분적으로 어떠한 관계가 취약한 상태이지만, 외톨이는 모든 관계가 완전히 단절된 상태이다. 외톨이는 도움을 주고자 하는 사람이 집에 찾아와도 방문을 열어주지 않는다. 가족 간의 관계도 하지 않는데, 외부인에게 문을 열어주겠는가? 외톨이가 아니어도 진로를 정하지 못한 청소년이 보이는 공통적인 특징이 무기력이다. 그러나 외톨이는 자신마저 돌보지 않는 극도의 무기력이다. 이러한 상태인데 그들에게 진로에 대한 의지가 있겠는가? 기존의 진로 검사나 프로그램들이 그들에게는 무용지물이다. 그러므로 외톨이를 니트에 포함시켜 자립을 지원하려는 것은 맞지 않다. 외톨이가 니트와 다르다는 것을 인식하고 외톨이의 특성에 맞는 자립지원의 방향을 정하여 이에 상응하는 프로세스와 프로그램들을 개발해야 한다. 무엇보다도 외톨이의 사회 복귀와 자립은 아주 어려운 일이며 오랜 기간이 필요하므로 많이 인내하고 기다려줄 수 있어야 한다.

취업성공패키지 참여 청(소)년

취업성공패키지는 고용노동부가 2010년부터 시행한 제도로, 참여자에게 진단/상담, 자립지원 계획 수립, 직업훈련, 취업지원 서비스, 금전적 지원 등을 제공한다. 위기 청소년은 최소 만 15세부터, 청소년은 만 18세부터 참여할 수 있다.

취업성공패키지에 참여한 청(소)년의 유형을 살펴보자.

첫 번째, 아무런 도움이 필요 없는 스스로 취업형 30%, 두 번째, 취업 스킬 등 조금만 도와주면 취업을 하는 취업 용이형 30%, 세 번째는 역량과 의지가 많이 낮아 아주 많은 도움이 필요한 취업 곤란형 30%, 네 번째는 취업 의사와 역량이 매우 낮은 취업 미약형 10%였다.

현재 시행되고 있는 취업성공패키지는 두 번째 유형에게 가장 적합한 프로그램이다. 첫 번째 유형은 취업성공패키지 프로그램이 군이 필요하지 않다. 그런가 하면 세 번째와 네 번째 유형에게 반드시 필요한 진로 탐색, 관계 역량, 정서 지원 등 서비스 프로그램이 빈약하거나 없어 효과가 낮다.

세 번째와 네 번째 유형은 100% 진로 설정이 되어있지 않았다. 첫 번째와 두 번째 유형의 경우도 다수가 진로 설정이 안 된 상태이다. 그런 상태에서 취업을 하다 보니 3개월 내에 50% 이상, 1년 이내에 70% 이상이 퇴사를 한다. 청소년들의 취업과 진로 설정의 패턴을 살펴보면 입사와 퇴사 과정을 반복하면서, 조금씩 취업 기간이 길어지고 자기 진로를 찾아간다는 것을 알 수 있다. 따라서 첫 취업 후 1년 정도는 지속적인 지원 서비스가 필요하고, 그렇게 하면 효과도 높아질 수 있다. 그런데 현재 취업성공패키지는 한번 퇴사하면, 원칙적으로 서비스를 끝내버린다. 두 번째 취업부터는 혼자서 해야 한다. 청소년의 이러한 취업과 진로 설정의 특성에 맞게 서비스를 지속하는 게 좋은 효과를 거두는 방법이다. 그런데 필자가 세 번째와 네 번째 유형에 필요한 프로그램의 추가 제공과 첫 취업 후 1년까지 서비스 제공 연장을 노동부에 계속해서 건의했지만 받아들여지지 않아 답답할 뿐이다.

자립 프로그램 수행의 소회

　　지금까지 우리 사회에서 자립을 위한 교육이 필요한 청소년들에 대해 살펴보았다. 자립이 어려운 상황에 처해 있는 청소년들의 상황을 수치로 나타내보면 아래와 같다.

구 분	기 준		인원 (만 명)	청소년(10년)	
				비율(%)	인원(만명)
교육 급여자	중위소득 50%이하 가정의 학교 또는 시설에 다니는 아동	초등 6년, 중고등 6년, 총 12년	40.1/ 2018년/ 교육부	50	20.05
청년 니트	취업/학업을 할 의사가 없음	15세~ 29세/ 총 15년	100.8/ 2017년/ 통계청	62.5	63
계			140.9		83.05

　　주요 유형별 현황은 다음과 같다.

구 분	기 준	산출 공식	인원 (만 명)
학교 밖	412천 명	412천 명×0.9/ 초등학생 제외	37.1
외톨이	4.2% 추산/ 2017년/ 한국청소년정책연구원	4,000천 명×0.042	16.8

아동 복시시설 퇴소 전/후	매년 3천여 명/ 2018년/ 보건복지부	3천 명×10년	3.0
범죄 경력	매년 3.2천여 명 발생/ 2018년/법무부	3.2천 명×10년	3.2
다문화	초중고생: 122천명/ 2018년/교육부	122천 명×0.5	6.11
가출	중고생 가출 경험비율 3.1%/2018/여성가족부	2,700천 명×0.031	8.4

필자는 여러 유형의 어려움에 처해 있는 청소년을 만났다. 이 청소년을 지원하는 사람들에게 그들의 가장 큰 특징이 무엇이냐고 물어보았더니 대부분의 응답자가 '무기력'이라고 답하였다.

무엇이 이 청소년들을 무기력하게 만든 것인가? 필자는 청소년이 성장과 성숙을 이루기 위해서는 반드시 필요한 2가지가 있다고 생각한다.

하나는 자율적이고 주체적인 자아 정체성의 형성이다. 그런데 우리나라 청소년들을 둘러싸고 있는 환경은 자율적이지도 않고 주체적이지도 않기 때문에 청소년들이 건전한 자아 정체성을 형성하기가 어렵다. 청소년들을 무기력하게 만드는 데 가장 큰 영향을 끼치는 사람들은 대부분 부모이다.

어느 부모가 겪은 한 사례를 들어보자. 의과대학교 3학년에 잘 다니던 자식이 어느 날 갑자기 '저 그만할래요' 하며 방문을 닫고 들어가버렸다는 것이다. 그 부모는 '내 아이가 이런 아이가 아니었는데, 얼마나 착한 아이인데, 한 번도 내 말을 거스른 적이 없었는데'라며 그 상황을 직시하지 못하고 있었다. 그동안 그 아들은 자신이 하고 싶어서가 아니라 부모에게 착한 아들로 인정받기 위해서 부모가 시키는 대로 해왔던 것이다. 그러나 이제는 더 이상 견딜 수가 없어 죽느냐, 사느냐의 기로에서 선택한 방법이 은둔이었던 것이다. 다른 방법을 알았다 해도 그에게는 그것을 할 내면의 힘이 남아있지 않았다.

다른 하나는 사회화 과정을 잘 경험하는 것이다. 사람은 태어나 성장하면서 자기가 속한 사회의 문화와 가치를 내면화함으로써 그 사회 구성원으로 성장해간다. 사회화 과정에는 많은 갈등과 딜레마가 있는데, 그 누구도 혼자 감당하는 것은 힘들다. 예전에는 가족을 비롯한 혈연, 지연, 학연 등 다양한 공동체들이 도와주었지만 지금은 이런 공동체들이 다 붕괴되었다. 가족 또한 핵가족화되면서 다양한 가족 구성원들과의 관계는 없고 대부분 부모와의 관계만 있을 뿐이다.

청소년의 성장과 사회화를 도와줄 기존의 공동체가 다 없어졌다는 것은 매우 불행한 일이다. 그러나 기존의 유대 공동체는 복원되지도 않을 것이며 이미 사라진 것을 되살리는 것도 불가능하다. 가족의 역할도 마찬가지다. 그러므로 새로운 유대 공동체를 만들어야 한다. 필자는 다음의 네 가지 공동체에서 기존 유대 공동체의 대안을 찾을 수 있다고 생각한다. 첫째는 일터 공동체, 둘째는 주거 공간을 함께 하는 생활 공동체, 세 번째는 '문화, 놀이, 취향' 등을 공유하는 소모임이나 동호회 같은 공감 공동체, 네 번째는 동질적인 사람들이 함께 의지하고 돕는 자조 공동체이다. 이런 대안적인 공동체가 활성화되면 청소년들이 그 안에서 사회화 과정을 겪으며 성장할 수 있으리라고 생각한다.

2장

자립 정립하기

가난과 복지에 대한 성찰

　　필자가 빈곤 문제에 대해 깊은 연구를 지속해온 연세대학교 문화인류학과 조문영 교수의 글을 처음 접한 것은 2001년이었다. 그 글은 「가난의 문화 만들기-빈민지역에서 가난과 복지의 관계에 대한 연구」라는 제목의 석사학위 논문이었다.

　　필자는 그 논문에 기록된 난곡 지역 사례를 읽고 큰 충격을 받았다. 당시 난곡은 서울의 가장 대표적인 달동네 중 하나로 빈민들이 모여 살던 곳이다. 그곳 복지관에서 주민들의 일자리 마련을 위해 운영하는 봉제 사업장에 여러 언론사 기자와 함께 지역 정치인들이 방문을 하였다. 일하시는 분들은 이런 경우가 종종 있었기에 평소처럼 무심히 일을 하고 있었다. 주민들의 어려운 형편을 살피기 위해 방문자가 왔지만 공장 분위기는 그저 평범한 일터로 보일 뿐이었다. 방문한 정치인들과 기자들의 얼굴에 곤혹스러운 표정이 스쳐갔다. 복지관 관계자들도 이런 상황이 난처하였다. 어색한 적막이 흐르던 때, 갑자기 어디선가 요란한 카메라 셔터 소리가 났다. 방문한 사람들이 우르르 그쪽으로 몰려갔다. 여성 한 분이 펑펑 눈물을 흘리며 미싱을 돌리고 있었고, 기자들이 그 장면을 계속 찍고 있었다. 정치인들은 그 여성에게 다가가 어깨를 다독이며 격려의 말들을 쏟아냈다. 모두가 당연히 그래야만 하는 상황에 만족해했다. 그 여성은 한부모 가정의 가장이었다. 그분은 왜 갑자기 눈물을 흘린 것일까? 아무도 그분에게 울어달라고 요구하지 않았다. 그런데 절묘하게도 모두가 원하고 있던 것을 나서서 충족해주었다. 이 일이 있은 후 복지관에서는 그분에게 더욱 많은 지원과 배려를 하였다.

저자는 이 사례를 통해 시혜자와 수혜자의 묵시적 거래 관계가 일상화되고, 이것에 기대어 복지 시스템이 작동되는 것을 보여주었다. 필자는 이 논문을 통해 앞으로 내가 어떤 자세로 일을 할 것인지를 깨닫게 되었다.

자립 혁신의 방향

필자는 20여 년간 자립 현장에서 겪은 경험과 성찰을 통해 3가지 방향의 혁신이 일어나야 한다고 본다. 첫째는 '자립'에 대한 정의를 정립하는 것이다. 둘째는 자립지원의 핵심적인 '성공 요소'를 구축하는 것이다. 세 번째는 '자립지원 서비스의 제공 체계'를 혁신하는 것이다.

'자립'의 정의 정립

우리나라의 법률 중 법률명에 '자립'이란 단어가 들어간 것은 '노숙인 등의 복지 및 자립지원에 관한 법률'이 유일하다. 그런데 이 법률에서 '자립'에 대한 용어를 정의하는 부분은 찾을 수가 없다.

'학교 밖 청소년 지원에 관한 법률'에서 '자립'을 살펴보자

제(2조) 정의

3. '학교 밖 청소년 지원 프로그램'이란 학교 밖 청소년의 개인적 특성과 수요를 고려한 상담지원, 교육지원, 직업체험 및 취업지원, 자립지원 등의 프로그램을 말한다.

제11조(자립지원)

① 국가와 지방자치단체는 대통령령으로 정하는 바에 따라 학교 밖 청소년의 자립에 필요한 생활지원, 문화공간지원, 의료지원, 정서지원 등을 제공할 수 있다.

② 국가와 지방자치단체는 경제교육, 법률교육, 문화교육 등 학교 밖 청소년의 자립에 필요한 교육을 지원할 수 있다.

이 법에서도 자립의 '통합성'을 전혀 인식하지 못하고, 자립의 하위 개념들과 병렬적으로 나열하고 있음을 알 수 있다.

한편 신혜령 교수는 '보호아동 자립지원 프로그램 개발 연구(신혜령 외, 보건복지부, 2006년)'에서 자립을 아래와 같이 정의하였다.

> 자립은 친부모를 떠나 대리 보호를 받던 위탁 가정, 공동생활 가정, 혹은 아동양육시설에서 18세가 되어 사회적 보호를 떠나는 아동들이 성공적인 상호 의존의 성취로 자신의 '독립된 상태'를 이끌어 감을 뜻한다. 자신에게 편안하고 가족과 지역사회 그리고 사회 속의 의미 있는 사람들과 즐겁게 연계를 가지는 자기 충족적(self-sufficient)이고 독립적인 생활(independent living)을 할 수 있는 사람이 되는 것을 의미 한다 (Maluccio,1990). 즉 개별적 '독립'이라는 의미보다 다른 사람들과의 대인관계와 지역사회 자원을 잘 활용하여 스스로를 지켜나갈 수 있는 '심리적, 사회적, 경제적' 독립 상태로의 전환을 의미한다.

그러면서 이러한 자립을 이루기 위해서는 아래와 같은 8대 영역에서 자립 기술이 필요하다고 하였다.

자립 준비 프로그램 8대 영역	1. 일상생활 기술	2. 자기보호 기술
	3. 지역사회 자원 활용 기술	4. 돈 관리 기술
	5. 사회적 기술	6. 진로탐색 기술
	7. 직장생활 기술	8. 다시 집 떠나기

아동양육시설에서는 자립 역량을 키우기 위해 자립의 8대 영역별 세부 매뉴얼에 따라 반복적으로 프로그램을 수행하고 있다. 그리고 이 프로그램이 잘 수행되었는지 매년 측정과 평가를 실시하고 있다.

그러나 아동양육시설에서 자립 준비 8대 영역 프로그램이 진행된 지 10년이 지났지만 불행히도 기대에 미치지 못하는 실망스러운 결과를 보고 있다. 프로그램은 좋은데 진행 과정에서 제대로 실행이 되지 않은 것인지, 프로그램 자체의 수준이 미치지 못한 것인지 냉철한 재검토가 필요하다. 왜냐하면 자립은 만족도 점수나 보고서, 평가 등급으로 증빙하는 것이 아니라 당사자들의 삶으로 증명되는 것이기 때문이다.

이 8대 영역 프로그램이 결코 불변의 '금과옥조'는 아닐 것이다. '인권교육센터 들'에서 발간한 『그런 자립은 없다(교육공동체벗, 2019)』라는 책에서는 자립에 대해 새로운 시각을 보여주고 있는데, 필자 또한 이에 깊이 공감하였다. 필자의 '경험'과 '성찰'의 결과와 일치하였기 때문이다. 이 책에 의하면, 지금까지 '자립'은 타자들의 입장이지, 당사자인 '청소년'의 입장이 아니라고 하였다. 청소년 당사자에게 '자립'은 '유동하는 자립, 조건 없는 자립, 지금 현재의 자립, 관계적 자립, 지속 가능한 자립, 주체적 자립'이라고 새롭게 정의하고 있다.

그리고 청소년에게 필요한 것은 자립의 '기술'이 아니라 '역량'이라고 하였다. 기술 영역 중심에서 역량 영역으로 전환되어야 한다는 것이다. 기술과 역량은 어떻게 다른 것인가? 기술은 무언가에 대한 지식을 가지고 있으며 그것을 다룰 수 있는 외적 능력이라면, 역량은 '마인드, 태도, 자세'라는 내/외의 융합적 능력이다. 자립에 더 좋은 실제적 영향을 주는 것은 '역량'이다.

필자는 청년취업성공패키지 경험을 통해 우리나라 기업의 대부분을 차지하는 중소기업의 채용 기준을 알게 되었다. 대부분의 중소기업에서 요구하는 것은 '기술'이 아니라 '인내'가 최우선 순위였다. 최소한 1년 이

내에 퇴사하지 않기를 간절히 바라고 있었다. 중소기업의 보수가 대기업이나 중견기업에 한참 미치지 못할 뿐만 아니라 모르는 사람과 얽히고설켜 작업을 하는 것이 여간 힘든 일이 아니기 때문이다. '인내심'이 없으면 1년이 아니라 하루 만에 그만두는 일이 비일비재하다. '인내'는 기술이 아닌 '역량'이다. 즉 역량은 체득된 '마인드, 태도, 자세'이다.

또 자립 척도를 측정하기 위해 '몸, 정신, 태도, 습관, 능력'을 조사하는 방법은 청소년의 인권과 관련되어 그들의 상처를 건드릴 수 있기 때문에 잘못된 방식이라고 하였다. 그러므로 '자기 결정과 유대, 안전과 존엄, 감수성의 확장, 시민으로서의 삶, 인생 예찬' 등으로 바꾸어야 한다고 하였다.

필자는 사람마중이 개발한 프로그램의 효과를 객관화하기 위해 어느 전문가에게 연구를 의뢰한 적이 있다. 그 전문가가 프로그램 참여 전후를 비교해야 한다면서 설문 조사지를 보내주었다. 필자는 그 설문 조사지를 보고는 연구를 포기하였다. 100문항이 넘는 양에도 놀랐지만, 그 질문들이 당사자인 청소년들의 상처를 후벼 파는 수준이었기 때문이다. 만약 필자가 당사자라면, 너무나 고통스럽고 수치스러워 찢어버렸을 것이다. 그러한 경험이 있었기에 필자는 기존의 자립 척도 조사가 반인권적이라는 주장이 지나치지 않다고 본다.

이러한 주장의 핵심은 '인권'이다. 기존의 자립지원은 '인권'을 존중하는 것에 철저하지 못하였다는 것이다. '인권교육센터 들'은 기존의 '8대 영역 프로그램'은 인권을 보호하지 못하며, 오히려 새로운 변화를 막고 있기에 폐기해야 한다고 강력하게 주장하고 있다.

사람마중이 정립한 '자립'의 정의는 아래와 같다.

구분	내용
기본 방향	인권 기반 / 공동체 기반
5대 원칙	스스로 자립/ 함께 자립/ 천천히 나아가는 자립/ 지속하는 자립/사회를 혁신하는 자립
자립 역량 혁신	– 핵심 역량(개인 재무/ 관계/ 자율 주거/직업진로) 에 집중 – 체득형 프로그램 – 사회 협업

'사람마중'은 인권 기반과 공동체 기반을 기본 방향으로 하고 있다. '인권 기반'은 누구나 동의하고 이해하고 있을 것이다. 그러면 '공동체 기반'은 무슨 의미인가? 하나는 개인이 공동체에서 경험을 하는 것이 공동체성이 없는 곳에서 경험할 때보다 훨씬 효과가 좋다. 또 하나는 공동체가 주체로서 자립 서비스를 제공하는 것이, 공동체가 동원되어 제공할 때보다 훨씬 능동적이라는 것이다.

사람마중에서 정립하고 있는 자립 5대 원칙의 내용을 살펴보면 다음과 같다.

㉠ **스스로 자립:** 당사자가 자립의 주체라는 것이며, 자립지원은 의지를 가진 상태에서 시작하는 게 아니라. 의지가 생기도록 잘 조력하는 것에서 시작한다는 것이다.

㉡ **함께 자립:** 개인의 성공, 경쟁에서 살아남는 것이 목표가 아니라, '나와 네가 우리'가 되어 공동체를 이루어 자립하는 것이 목표라는 것이다.

㉢ **천천히 나아가는 자립:** '변화/성장/성숙'은 직선적이지 않으며, 많은 '우여곡절, 퇴행과 전진, 알 수 없는 결과(새옹지마)'의 연속이라는 것이다. 그러하기에 일희일비하지 말고 짧은 기간 내에 성공하겠다 하

지 말고, '사람과 변화'에 대한 믿음과 인내를 가지고 천천히 오래오
래 해야 한다.

ⓔ **지속하는 자립:** 이벤트성 성공을 지양하고, 긴 로드맵을 설계하고, 자
립의 토대를 단단히 넓혀가야 자립 상태가 지속 및 발전할 수 있다.

ⓜ **사회를 혁신하는 자립:** 사람마중은 사회적 기업이다. 사회적 기업은
사회를 혁신하는 체인지메이커이다. 자립 활동은 이해관계가 다른
사람들과 소통하고, 합의를 이루고, 협업하는 것이 필수적이다. 동시
에 사회적 편견, 기득권, 잘못된 시스템과 맞서는 것이다. 그러하기에
자립은 사회를 혁신하는 힘이 있다.

사람마중은 지금까지 자립 역량 프로그램을 혁신하기 위해 노력해
왔다. 2년여의 조사 연구와 이를 통해 핵심 자립 역량을 '재무/ 관계/ 주
거 생활/ 직업진로'로 정의하고, 이를 실현할 수 있는 체득형 프로그램을
개발하였다. 청소년지원기관 및 사회적 경제 조직들과 협업 체계를 형성
하여 4년간 시범 사업을 통해 개발한 프로그램의 완성도를 높였다. 또
한 사람마중은 이를 사회에 확산하여 제도화를 이루어 지속의 토대를
만드는 활동으로 나아가고 있다.

이러한 과정을 요약하면 아래 그림과 같다.

자립지원의 성공 요소 구축

자립지원의 핵심 성공 요소는 전문성 있는 인력, 혁신적인 프로그램, 사회적 협업이다. 이를 이루는 방법은 아래 그림과 같다.

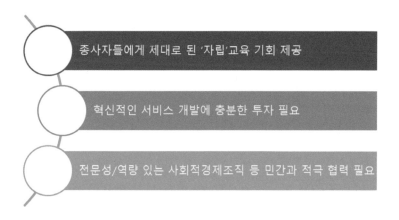

종사자들에게 제대로 된 '자립'교육 기회 제공

혁신적인 서비스 개발에 충분한 투자 필요

전문성/역량 있는 사회적경제조직 등 민간과 적극 협력 필요

현재 어려운 상황에 있는 청소년의 자립을 위해 민간과 공공에서 많은 헌신과 지원을 하고 있다. 그러나 청소년의 자립이 잘 되고 있는가를 냉철히 살펴보면 꼭 그렇다고 할 수 없는 상황이다.

청소년 자립지원의 효과가 제약을 받는 요인은 첫째, 청소년 자립지원 분야에 전담 인력이 부족하고, 이들의 전문성이 부족하다. 이들은 대부분 사회복지사나 청소년지도사인데 대학에서도, 청소년지원기관에 종사하면서도 자립지원 역량을 키우는 체계화된 교육 프로그램을 제공받지 못하고 있다.

둘째, 혁신적인 프로그램 개발이 안 되고 있다. 현재 프로그램의 대부분은 기존의 프로그램을 반복하거나 살짝 바꾸거나 짜깁기한 수준이다. 왜 새롭고 혁신적인 프로그램이 개발되지 못하는가? 이러한 시도 자체가 없는 것인가?

새로운 혁신 프로그램을 개발하는 데는 많은 재원과 긴 기간, 많은 실패가 필수적이다. 정부의 지원은 서비스를 제공하는 데 맞추어져 있지, 개발에 대한 지원은 거의 없다시피 하다. 민간이 개발한 혁신적인 프로그램을 아무런 대가 없이 가져다 사용하고 있는 실정이다. 정부는 민간의 헌신에 대해 합당한 보상을 하고, 민간은 받은 보상으로 다른 혁신 프로그램을 개발하는 선순환 구조가 필요하다.

　민간 배분기관에서 일부 새로운 프로그램 개발 지원 사업이 있으나 거의 대부분은 만족스러운 결과를 만들지 못한다. 그 핵심적인 이유는 개발 기간이 최대 3년으로 제한되고, 1년 차부터 서비스 제공 실적을 요구하기에 충분한 사전 조사와 연구를 하지 못하여 프로그램 설계가 어설프게 된다. 대부분의 재원이 서비스 제공으로 한정되어 '서비스 개발/인력 전문성 확보/ 사회적 협업 활동'에 대한 투자는 미미하다. 이러한 상황을 그림으로 나타내보면 다음과 같다.

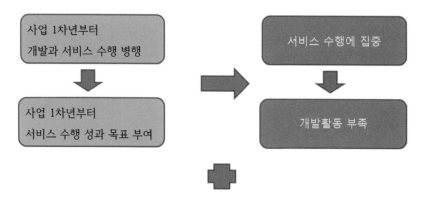

서비스 개발/인력 전문성 확보/사회적 협업 활동에 대한 낮은 투자

　민간 배분기관의 혁신 프로그램 개발 지원 사업이 성공하려면 기존의 '2단계/3년' 지원 프로세스를 '3단계/최소 6년' 지원으로 바꾸어야 한다.

| 기존 프로세스 |

혁신적인 프로그램 개발과 프로그램 수행 모델 개발 단계	⇒	지속화 단계
3년 이내		제도화 등

| 새로운 프로세스 |

단계	혁신적인 서비스 모델화 개발 단계		서비스 수행 기반 구축 단계		지속화 단계
기간	3년 이내		3년 이내		제도화 등
주요 내용	▪ 서비스 개발: 조사/연구 이해관계자 간 공감대 형성과 추진 합의 ▪ 전문 인력 양성: 교육 프로그램 개발과 수행 서비스 제공 ▪ 협업 체계 구축 발굴, 수행 인프라 구축: 인력, 시설 등 ▪ 테스트 사업: 기본적인 질 확보 사업 ▪ 연구 및 공유화 활동	⇒	▪ 서비스 향상: 제공, 점검, 평가, 개선 이해관계자의 공통 인식 제고, 합의 수준의 향상 ▪ 인력 전문성 향상: 경험, 점검, 평가, 보수 교육을 통해 개선된 서비스 제공 ▪ 협업 체계 향상: 자체 수행 및 협업 역량 향상, 파트너십 향상, 사업 긴밀성 향상 ▪ 시범 사업: 사회적 동의와 합의를 이룰 수 있는 유의미한 성과 창출 ▪ 사업 연구, 공유화, 제도화 활동	⇒	사회 시스템으로 안착, 지속적인 발전

셋째. 사회 협업이 안 되고 있다. 협업의 한 축은 청소년 유관기관/시설이다. 청소년 유관기관/시설의 개방성이 매우 협소하다. 공공 부문에만 칸막이가 있는 게 아니라, 민간 부문도 높고 견고한 칸막이가 있었다. 서울과 인근 지역의 청소년 유관기관/시설들에 협업을 요청했지만, 만날 기회를 주는 곳이 매우 드물었다. 우여곡절 끝에 첫 시설과 협업하는 데 2년이 걸렸다. 그런데다가 청소년기관 종사자와 첫 만남 때, '밖으로 절대 홍보하지 않겠다. 따라서 청소년들 사진을 찍을 일이 없다. 외부의 지원금이 아니라 사람마중 자체 재원이기에 우리가 직접 회계와 행정 처리를 하겠다. 참여하는 청소년의 인적 사항, 참석 여부, 성과 등에 대해 따로 보고서를 만들지 않아도 된다'는 약속을 하였다. 시설 측에서 깜짝 놀라며, 그러면 자신들은 무엇을 하느냐고 물었다. '청소년들이 자기에게 필요한 프로그램을 선택할 수 있게 해달라, 잔소리, 훈계, 지시하지 말아 달라, 억지로 성과를 내기 위해 청소년을 동원하지 말아 달라, 오로지 칭찬, 지지, 격려만 해달라'고 하였다. 지원받는 측이 무엇을 싫어하는지 잘 알고 있어서다. 서로가 철저히 그 약속을 지켰다. 작은 프로그램부터 시작하여 다시 2년의 시간이 흘러서야 단단한 신뢰를 쌓을 수 있었고 그때서야 혁신 프로그램들을 체계적으로 할 수 있었다.

다른 협업의 한 축은 전문 서비스를 제공하는 전문가, 비영리기관, 사회적 경제 조직이다. 여러 방법을 통해 나름대로 전문성과 많은 경력을 가진 서비스 제공자들을 발굴했지만, 사람마중이 원하는 핵심 4대 역량에 '집중', '체득형', '재미, 성취, 실제적 이익'이란 기준을 충족하는 프로그램이 없었다. 그래서 청소년과 자립에 대한 공동 인식을 가지고, 핵심 역량에 대한 이해를 심화시키고, 청소년의 많은 참여와 지속을 이루기 위한 방안들에 대해 치열한 논의를 거듭하여 프로그램을 개발하였다.

프로그램 비용을 정할 때도 서비스 제공자를 믿고 되도록 그렇게 하려고 하였으며, 프로그램이 시작되면 서비스 제공자를 존중하고 개입과 행정 부담을 최소화하였다. 프로그램의 질은 서류로 증빙하는 것이 아니라, 청소년이 이후 어떻게 살아가느냐로 증명되는 것이다. 좋은 효과가 나타나면 계속 협업하면 되고, 그러하지 않으면 프로그램을 수정하거나 다른 서비스 제공자를 찾으면 된다. 협업 방식이 아니면 문어발이 되어야 하는데 문어발 조직은 혁신을 할 수 없다. 혁신을 추구하기에 협업을 해야 하고, 그것이 더 좋은 수행력을 갖는 방법이다. 결코 서비스 제공자를 동원하거나 '갑-을' 관계를 만들지 않고, 동등하고 전략적이며 장기적인 파트너 관계를 맺기 위해 노력하고 있다.

자립지원 서비스 제공 체계의 혁신

자립지원 서비스 제공 체계의 혁신 방안은 온·오프라인 융합 서비스, 시민과 공동체가 서비스 제공의 주체, 청소년 자립 역량 수당 방식이다.

기존의 서비스는 대부분 오프라인 방식, 기관과 시설이 서비스 제공의 주체, 기관과 시설에 대한 보조금/지원금 방식으로 시행되었다. 오프라인 방식은 인적/물적 비용이 너무 많이 들고, 청소년의 다양한 특성과 욕구, 필요를 충족하는 데 필수적인 다양성을 실현하지 못한다. 다른 많은 분야에서는 이러한 오프라인 방식의 제약을 극복하기 위한 '온-오프라인 융합 플랫폼'이라는 혁신이 활발하게 일어나고 있고, 이를 통해 사람들의 생활과 사회 변화가 빠르게 진행되고 있다. 이러한 '온-오프라인 융합 플랫폼'이 실현되기 위해서는 다양한 세대의 시민과 다양한 분야의 공동체가 서비스 제공의 주체가 되고, '기관, 시설'은 청소년과의 라포 형성에 집중하면서 이러한 연결이 잘 되도록 하는 역할을 하는 것이다. 이러한 새로운 청소년 자립 생태계가 형성되기 위해서는 새로운 사회적 자원과 전달 방식이 필요하다.

우선적으로 100만 명이 넘는 위기 청소년들에게 매월 10만 원씩 자립 역량 수당을 지급하고, 청소년들이 서비스 선택권을 가진 바우처 방식이 적합하다. 이미 아동, 청년, 노인들에게 보편적 수당이 낮은 수준이지만 실행되고 있으며, 돌봄 등 사회 서비스 분야에서 바우처 방식은 일반화되어 있다. 이러한 선험 경험들이 우리 사회에 축적되어 있기에 청소년 자립에서도 충분히 사회적 합의를 이룰 수 있다고 본다.

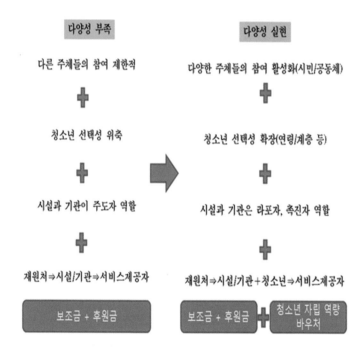

자립 서비스 혁신의 핵심 요소

ⓐ 라포 형성

필자가 생각하는, 자립이 성공하는 핵심 환경은 아래 그림과 같다.

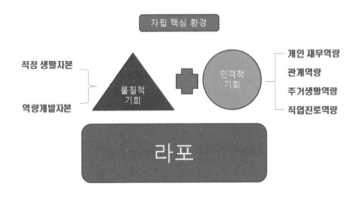

자립의 토대는 라포이다. 라포는 서로 믿고, 친밀감을 느끼고, 의지할 수 있는 분위기가 조성될 때 형성된다. 청소년기관과 청소년 사이에 라포가 잘 형성되어 있는가가 자립 서비스의 성공 요소이지만 소수 기관을 제외하고는 그러하지 못한 것 같다. 일반적으로 기관과 청소년 간의 거리는 대안학교가 가장 가깝고, 그 다음이 생활시설, 가장 먼 곳이 이용시설이다. 필자가 그렇게 생각하는 근거는 중장기 프로그램을 할 수 있는가 없는가이다. 필자가 만난 청소년기관 종사자들은 '청소년들이 프로그램에 지쳐있다, 새로운 것을 할 상황이 아니다'라고 똑같이 말한다. 청소년들이 그렇게 바쁘게 프로그램을 이용했다면 그 결과도 좋아야 하는데, 실상은 그렇지 않다. 청소년들은 '무언가 하느라고 엄청 바빴는데, 잘 모르겠고 남은 게 없어요. 참여하기도 싫고, 계속하기는 더 싫어요.'라고 아우성이다.

현재 시행되는 서비스는 단발적이고, 산만하며 정보 전달 위주이다. 게다가 '다양성'과 '동기부여'도 부족하다. 프로그램이 체계화되어있지 않고, 대부분이 단기 프로그램이다. 청소년들은 프로그램 쇼핑을 하고 있을 뿐이며 쇼핑형 프로그램은 몸과 마음을 지치게 할 뿐이다.

체득형 프로그램은 중장기, 경험 중심, 자기 주도적이다. 그러하기에 청소년의 지속적인 참여가 필수적인데, 이것을 가능케 하는 것이 라포이다.

ⓛ 인격적 기회

라포의 굳건한 토대 위에 청소년에게 적정한 물질적 기회와 인격적 기회가 제공되어야 한다. 물질적 기회는 적정한 생활을 할 수 있는 자본과 역량을 개발할 수 있는 자본이다. 이 2가지 자본은 제도로 정해져 안정적으로 제공되어야 한다. 물질적 기회가 충분히 제공되면 자립이 쉽게 이루어지는가? 우리 사회에서 물질적 기회를 제공하는 사회 안전망 제도는 국민기초생활보장법 제정을 기점으로 획기적으로 변화해왔다. 확대된 물질적 기회는 어려운 사람들의 고통을 완화하는 데는 분명히 좋은 효과를 가져왔다. 그러나 자립의 효과는 아직도 기대에 미치지 못하고 있다. 아직 물질적 기회가 충분하지 못하기 때문이기도 하겠다.

그러나 분명한 것은 물질적 기회와 인격적 기회가 긍정적으로 상호작용할 때 자립이 가장 잘 이루어진다. 우리 사회는 그동안 물질적 기회를 확대하는 데 많은 노력을 기울였으나, 인격적 기회에 대해서는 인식이 매우 미미하였다. 인격적 기회가 미미하면 물질적 기회가 가장 효율적인 생존 수단이 되어버리고, 사람은 여기에 적응하게 마련이다.

필자는 물질적 기회가 충분조건, 인격적 기회가 필수조건이라고 본다. 그러하기에 인격적 기회에 더욱 집중하려고 한다. 아직은 인격적 기회가 생소할 수도 있다. 그러나 필자가 자활 현장에서 10년 동안 일하면서 보고 느낀 반성과 성찰의 결과이다. 자활 현장에서는 국민기초생활보장제도에 근거하여 국민의 많은 세금이 사용되고 있으며, 정부에서는 자활 제도의 안착을 위해 괄목할 만한 성과를 독촉하고 있었다.

당시 필자는 전국 단위의 자활 사업들을 지원하는 역학을 하고 있었다. 나름 될 만한 아이템, 능력 있는 사람들을 중심으로 자원을 투여했다. 그런데 10년을 일하다 보니 자립한 곳들이 있는가 하면 망한 곳들도 있기 마련이다. 놀랍게도 지원을 많이 받은 곳이 자립하는 게 아니었다. '자율성, 책임성, 헌신성'이 높고, 좋은 '주인'들이 있는 곳이 '일터 공동체'를 만들고 자립을 이루었다. 그곳에서는 자립을 준비하는 사업단 때부터 참여자에게 '의사결정권, 재정권, 공정한 보상과 책임', 즉 자율성을 점진적으로 넓혀온 것이다. 반면 정반대의 사례도 있었다. 무척 많은 지원을 해준 기관인데, 자립에 성공하는 사업단이 없었다. 한번은 그 기관에 지원 컨설팅을 갔다가 최근 1주일 동안 재정 지출이 전혀 없어 담당자에게 물어보았다. 그랬더니 10원짜리 하나까지 관장님께 사전 결재를 받아야 하는 데, 관장님이 해외여행 중이어서 지급을 하지 못했다는 것이다. 그래서 관장님께 이런 경우는 선집행하고 사후결재를 받는 것이 좋겠다고 하였더니, 문제가 생기면 최종 책임은 자기가 져야 하니 어쩔 수 없다는 것이다. 그 기관에서 자립에 성공하는 사업단이 없는 이유를 알만했다.

아동복지시설에서 보호가 종료되는 청소년의 자립을 위해 경제적 지원이 우선적으로 확대되어야 한다는 주장이 많다. 그래서 자립 수당으로 월 30만 원씩 3년간 지원하게 되었다. 그 지원이 청소년의 자립에 좋은 효과를 내는지, 그렇지 않은지를 평가하기엔 아직 이르다.

대부분의 사람들은 아동복지시설에서 퇴소할 때 청소년들이 받는 자립지원금이 턱없이 부족하다고 말한다. 서울시의 경우 약 1,500만 원 정도이다. 그런데 많은 청소년들이 그 돈을 잘 관리하지 못하는 경우가 많다고 한다. 유흥비로 쓰거나, 이성 친구를 위해 명품 선물을 하거나, 사기를 당하는 등 순식간에 없어져버리기도 한다. 돈 관리 역량이 없으면 1억을 준다 해도 마찬가지다.

　주거 안정을 위해 LH에서 전세 자금으로 최대 9,000만 원을 대출해 주는 제도가 있다. 그런데 LH에서 이자가 밀렸는데 연락이 되지 않는다고 해서 가보면, 사람은 사라지고 집 안에 쓰레기만 가득히 쌓여 썩어가고 있는 경우가 적지 않다고 한다. 형광등을 갈지 못하고, 공과금을 어떻게 내야 하는지 모르고, 혼자서 통장을 만들지 못하고, 외톨이가 되어 고립되어 가거나, 극단적인 경우 자살을 하는 청소년도 있다. 범죄의 피해자가 되거나 범죄의 유혹에 빠지기도 한다. 대학에 진학하더라도 졸업하는 경우가 25%가 안 되고, 적정 소득을 벌지 못하는 경우가 70%를 넘는다. 이러한 상황이 물질적 기회가 부족해서인가? 물질적 기회에 비해 너무나 부족한 인격적 기회가 필요하다.

ⓒ 체득형 프로그램

　체득은 자기도 모르는 사이에 내재화되는 것을 의미한다.

　체득형 프로그램의 특징은 첫째, 중장기 프로그램이다. 어떤 정보를 얻거나 기술을 배우는 것이 아니라, '마인드, 태도, 자세' 등 역량을 키우는 프로그램이므로 오랜 기간이 필요하다. 둘째, 체계적이다. 청소년의 자립 역량 발달 단계와 유형, 핵심 역량, 프로세스를 정의하고, 커리큘럼을 설계하고 프로그램을 개발한다. 프로그램은 '반복과 변화'의 순환 방식이다. 셋째, 융합적이다. '다양성'과 '개방성'을 원칙으로 설계되고, '좋은 사람, 좋은 일, 좋은 조직'을 경험하고, '재미, 성취, 실제적 이익'이 제공될 수 있도록 한다. 그래야만 청소년이 주도하고, 능동적인 참여와 지속이 가능하다.

㉣ 4가지 핵심 자립 역량

아동복지시설의 자립지원 사업을 총괄하는 아동자립지원사업단에서는 매년 백서를 발간하고 있다. 그 내용을 살펴보면 청소년이 사회에 진출한 후 자립하는 데 큰 어려움을 겪고 있으며, 특히 '경제, 사회관계, 주거, 직업진로' 등 4가지 핵심 자립 역량에서 곤란한 상태에 처해 있음을 알 수 있다. 사람마중이 파악한 퇴소 후 청소년이 겪고 있는 어려움은 다음과 같았다.

〈경제 상태〉	〈사회관계 상태〉
▪ 돈을 잘 관리하지 못함 ▪ 소득이 낮고, 불안정함 ▪ 빈곤화	▪ 단절감이 높고 많이 외로움 ▪ 사회관계의 폭이 매우 협소하고, 유대감이 매우 약함 ▪ 잘못된 관계를 형성하기 쉬움 ▪ 니트화, 은둔화, 범죄화
〈주거 상태〉	〈직업진로 상태〉
▪ 주거 공간이 매우 열악함 ▪ 주거 공간을 잘 관리하지 못함 ▪ 일상생활을 잘 꾸리지 못함 ▪ 니트화의 공간이 되기도 함	▪ 진로를 결정하지 못해 방황함 ▪ 직무 역량이 낮음 ▪ 직업 경력의 질이 낮음

매년 청소년의 주요 자립 기술의 성취 정도를 측정한 결과도 있다. 자립 기술 성취 정도가 낮은 기술 항목이 위의 자립에 어려움을 겪고 있는 상태와 일치하였다. 물론, 어느 분야든 핵심 역량은 체득하기가 어렵다. 하지만 결코 체득이 불가능한 것은 아니다. 문제는 이 4가지 역량 분야는 기존에 개발된 프로그램이 별로 없고, 체계적이지 않고, 효과적이지도 않다는 것이다.

사람마중은 이 4대 역량에 집중하여 정의하고, 목표를 설정하고, 프로세스를 설계하고, 효과가 높은 프로그램을 개발하고, 전문 기관들과 협업 체계를 구축하고 있다.

자립의 세 가지 명제

자립에는 세 가지 명제가 있다.

첫 번째, 리스크가 없으면 자립도 없다. 어떤 복지기관에서 은둔형 외톨이의 자립을 지원하는 사업을 진행하고 있었다. 필자가 찾아가 그 사업에 참여하고 싶다고 이야기하고, 우리의 프로그램과 재원을 공유하겠다고 하였다. 그러자 필자의 이야기를 묵묵히 듣고 있던 책임자분이 조심스럽게 질문을 했다. '그런데 제안하는 프로그램을 할 때 위험이 따르지 않나요?' 필자는 '자립 프로그램에는 당연히 위험 요소가 있습니다. 자립에는 리스크가 없을 수 없습니다.'라고 대답했다. 그러자 책임자분은 자기들은 위험을 감수하면서까지 프로그램을 함께할 수는 없다고 하였다. 결국 협업은 성사되지 않았다.

두 번째, 자립은 '증빙'하는 것이 아니라 '증명'되는 것이다.

서울에서 SIB(사회성과보상사업) 아이디어 경진대회가 있었다. 필자는 양육시설청소년의 혁신적인 자립 모델로 참여했다. 좋은 점수로 예선을 통과했다. 최종 면접 발표를 하고 나서, 심사위원들의 질문을 받았다. 심사위원 중 한 분이 이런 질문을 했다.

"이 계획서에는 평가 측정 항목에 인성 발달 지수가 왜 없나요?"

필자가 이미 예상하고 있던 질문이었다. 다음과 같이 대답했다.

"사람의 착함과 자립은 별 상관이 없습니다. 이 프로그램의 목표는 경제적 자립이지, 착한 사람을 만드는 게 아닙니다."

예상대로 떨어졌다. 아는 분이 심사위원의 말대로 인성 발달 항목을 추가하겠다고 했으면 됐을 텐데 왜 그러지 않았느냐는 핀잔을 하였다. 필자는 후회하지 않았다. 자립은 서류로 증빙하는 것이 아니다. 프로그램 종료 후, 그 사람이 어떻게 살아가고 있느냐로 증명되는 것이다.

세 번째, 인성이 아니라 기회에 집중하라

필자는 청소년기관 종사자 입장을 잘 이해하고 있다. 그들은 나름 최선을 다하고 있다. 어떤 청소년들은 종사자의 헌신, 바람과는 전혀 다른 행동을 하기도 한다. 굳이 잘못을 따진다면 그 책임은 누구에게 있는가? 같은 상황에서 누구는 바른 행동을 하고, 누구는 그러하지 않았기에, 결국 책임은 해당 청소년의 인성 문제로 귀결된다. 그러나 그 책임을 청소년 인성의 문제로 돌려버리게 되면 우린 할 수 있는 것이 별로 없으며 할 이유도 없다.

필자의 사례이다.

아동양육시설의 고2~고3 청소년들이 4개월 동안 청년 주거 공동체에서 살아보는 체험 프로그램을 실시하였다. 이렇게 오래도록 시설의 관리 밖에 청소년을 놔두는 것은 이전이라면 상상도 할 수 없는 일이다. 앞서 진행한 2년간의 자립지원 사업을 통해 다져진 믿음이 없었다면 결코 성사되지 못했을 것이다. 그런데 철저한 준비를 마치고 프로그램을 막 시작할 때, 필자에게 사정이 생겨 1년 동안 아무런 관여를 할 수 없었다. 1년 뒤에 다시 복귀하여 시설 실무자와 만나게 되자, 필자는 그 프로그램의 결과에 대해 조마조마한 마음과 두근두근한 마음이 교차하였다. 필자는 조심스럽게 물었다.

"주거 체험에서 돌아온 후에 청소년들이 어떠하던가요?"

"고백할 게 있습니다."

필자는 순간 가슴이 움츠러들었다.

"사실은 본부장님이 부탁하신 것과 반대로, 순한 청소년들이 아니라, 강제 퇴소를 시키려던 녀석들을 보냈습니다."

순간 '아, 망했구나'라고 생각했다.

"그럼, 잘 안 된 건가요?"

"아니요, 미라클입니다. 이 녀석들이 체험을 다녀와서 학교를 빼먹지도 않고, 아무하고도 싸우지 않고, 스스로 청소를 하기도 했습니다. 그리고는 졸업해서 모두 취업이나 진학을 했습니다."

너무 기쁘고 믿기지 않았다. 어떻게 그런 일이 가능했을까?

"저는 그 녀석들이 하도 문제를 일으켜 미웠습니다. 그 녀석들의 인성이 잘못되었다고 나무랐습니다. 그런데, 이 명백한 증거 앞에서 저의 생각이 잘못임을 인정할 수밖에 없습니다. 이러한 좋은 기회를 진작 주지 못한 저희의 잘못입니다."

더불어 시설이 가장 전문성이 있다고 생각해왔는데, 사람마중과 협업을 통해 그렇지 않다는 것을 알게 되었다고 하였다. 그리고 앞으로는 지역사회와 함께하기로 결정하였다는 반가운 소식도 전해주었다.

3장

진로에서
직업진로로

진로교육의 혁신 방향

청소년에 대한 진로교육을 혁신하기 위한 핵심 과제는 진로교육의 방향을 직업진로로 명확히 하는 것과 교육 과정의 체계화, 그리고 커리큘럼의 개발이다.

첫째, 진로의 방향을 '직업진로'로 명확히 하는 것이다.

진로에는 세 가지 의미가 있다고 볼 수 있다. 하나는, 어떻게 살아야 할지 '인생관'을 정립하는 인생진로이다. 다른 하나는, 내가 시민으로서 어떻게 살아야 하는지 '사회관'을 정립하는 사회진로이다. 마지막 하나는 내가 어떤 직업인으로서 어떻게 살아가야 하는지 '직업관'을 정립하는 직업진로이다. 이 셋은 융합되어 있으며 상호 긴밀한 영향을 주고받는다. 그 중 사람의 일생에 가장 큰 영향을 끼치는 것은 '직업진로'이다.

중고등학교의 '진로' 과목의 대부분은 직업진로를 배우는 것이다. 학교만이 아니라 사회의 진로교육 대부분도 '직업'에 관한 것이다. 그러므로 청소년의 진로교육에서는 '인생, 사회, 직업'을 포괄하는 '진로'와 구분하여, '직업진로'란 용어를 사용하는 것이 타당하다.

| 진로의 3가지 영역 |

구분	영역	존재	핵심 가치	가치관의 유형	진로의 유형
진로	'삶'	나	존중, 성숙	인생관	인생진로
	'사회 활동'	시민	인권, 공동체성	사회관	사회진로
	'경제 활동'	직업인	노동, 소명	직업관	직업진로

두 번째는 직업진로의 체계화이다.

직업진로의 핵심 개념들이 정립되어 있지 않다. 직업진로교육의 체계를 잡기 위해서는 다음과 같은 핵심 정의들이 이루어져야 한다.

1. 직업진로 마인드의 발달 단계

단 계	개 념	예 시
호기심	연관성이 없는 다양한 분야에 일시적인 호감	연관성이 없는 직업들을 나열함. '연예인', '선생님', '사회복지사' 가 되고 싶어요
⇩		
관 심	연관성이 있는 분야에 일정 기간 지속되는 호감과 접촉	어려운 사람들을 돕고 싶어요→ 장애가 있는 사람을 돕고 싶어요
⇩		
지 향	가치관에 연관된 분야에 지속적으로 호감과 낮은 수준의 활동	사회복지사가 되고 싶어요→ 장애인에게 직접적인 서비스를 제공하는 일을 하고 싶어요
⇩		
추 구	가치관에 기반하여 목표를 가지고 지속적이며 실제적인 활동	장애인복지관에서 일하고 싶어요→ 대학에 진학해 장애인 분야를 전공하고 사회복지사 1급 자격을 취득할래요
⇩		
사 명	가치관이 정립되어 자신의 삶과 이웃, 사회와의 관계 정의에 따른 일관된 활동	내게 이 일은 이러한 의미가 있어요. 나는 이 일을 좋아하고, 계속하고 싶고, 계속할 거예요.

직업진로 마인드는 '호기심→ 관심→ 지향 → 추구→ 사명'의 단계로 발전한다.

청소년기의 직업진로교육은 지향 단계까지 목표로 잡아야 한다. 예를 들면 어떤 청소년이 '말(馬)'을 신기해하고 친숙해하고 말타기를 좋아하는 것은 호기심 단계이다. 그 청소년이 '말(馬)'과 관련된 일을 찾는 것은 관심 단계이다. 말을 조련하는 조련사가 되겠다는 목표가 생기는 것은 지향 단계다. 이렇게 청소년기에 지향 단계까지 발전해야 진학과 취/창업 방향을 설정할 수 있다. 그러나 체계화된 단계를 거치지 않은 채 특성화 고등학교에, 또는 대학에 진학하게 되면 방황할 수밖에 없다. 그런데 현실에서는 방황하는 청소년에게 취업을 준비하라며 취업 준비 프로그램을 들이밀고 있다. 직업진로에 대한 청소년의 편차는 대학이 가장 크다. 부족한 자원으로 가장 많은 취업 성과를 내야 하기 때문에 대학은 우수한 소수에게 자원의 대부분을 쓰고 있다. 그러다 보니 다른 청소년들은 양질의 충분한 직업진로 서비스를 받지 못하고 있다.청소년의 상당수가 진로 설정을 하지 못하고 사회에 진출하고 있는 이유가 바로 이것이다.

2. 직업진로 형상의 발달 단계

단계	개념
꿈	자신의 선호에 따라 대략적인 성취 목표 등 큰 방향을 정하는 것
⇓	
직업	자신의 비전과 사명에 따라 직업군을 정하는 것
⇓	
직무	자신의 역량과 욕구에 맞게 직업군에서 구체적으로 수행할 분야를 정하는 것

직업진로를 형상하는 단계는 '꿈 → 직업 → 직무'이다.

꿈 단계는 자신의 선호에 따라 대략적인 성취 목표 등 큰 방향을 정하는 것이며, 직업 단계는 자신의 비전과 사명에 따라 직업군을 정하는 것을 말한다. 직무 단계는 자신의 역량과 욕구에 맞게 직업군에서 구체적으로 수행할 분야를 정하는 것을 의미한다.

3. 직업진로의 발달 단계

단계	내용
모색기	'인지-탐색-간접 체험'를 주로 하는 시기
준비기	'기초 직무 역량-단기 직접 체험'를 주로 하는 시기
실행/성찰기	'기본 직무 역량-중장기 직접 체험-성찰'을 주로 하는 시기

모색기에는 '인지-탐색-간접 체험'을 주로 하며, 준비기에는 '기초 직무 역량-단기 직접 체험'을 주로 하며, 실행/성찰기에는 '기본 직무 역량-중장기 직접 체험-성찰'을 주로 한다.

4. 직업진로 순환 프로세스 및 단계별 개념

단계	개념
인지	직업진로 설정의 욕구와 필요성을 느끼고 방향을 설정하는 것
	⇓
탐색	욕구와 필요에 부합하는 직업과 직무가 무엇인지를 텍스트와 사람을 통해 찾는 것
	⇓
간접 체험	직업과 직무에 부합하는 직업 현장을 방문하여 보고 듣고 대화하고 간단한 실습을 하는 것
	⇓
직무 역량	직업과 직무에 대한 기능 역량이 무엇인지 파악하여 기능 교육을 향유하는 것
	⇓

직접 체험	직업과 직무에 부합하는 직업 현장에서, '단/중/장기'의 '무급/유급'의 실제적인 직무 체득 활동 및 근로 활동을 하는 것

⇓

실행/성찰	지속적인 근로 활동하기, 직업과 직무에 부합하는 '마인드/ 태도와 자세/ 관계 원칙'을 정립하기, 직업 경력을 발전적으로 축적하는 것

직업진로교육 프로그램의 프로세스는 '인지-탐색-간접 체험-직무역량-직접 체험-실행/성찰'이다. 청소년기에 이 프로세스를 되도록 많이 경험할수록 직업진로 선택에 성공할 확률이 높아진다.

인지 단계는 직업진로 설정의 욕구와 필요성을 느끼고 방향을 설정할 수 있도록 교육하는 단계로 심리검사, 인성검사, 적성검사 등의 다양한 검사 도구를 이용하여 청소년들의 성향을 파악하는 단계라고 할 수 있다.

탐색 단계에서는 욕구와 필요에 부합하는 직업과 직무가 무엇인지, 텍스트와 사람을 통해 직업 세계 탐색, 직업 가치관을 형성할 수 있도록 돕는다.

간접 체험 단계는 직업과 직무에 부합하는 직업 현장을 방문하여 잡미팅, 견학, 체험 등을 통하여 보고 듣고 대화하고 간단한 실습을 하는 단계이다.

직무 역량 단계는 직업과 직무에 대한 기능 역량이 무엇인지 파악하여 실제적으로 기본 기능을 실행하는 단계이다.

직접 체험 단계는 직업과 직무에 부합하는 직업 현장에서, '단/중/장기'의 '무급/유급'의 '교육형, 노동형' 직업 활동에 참여하여 실제적인 직업 활동에 참여하고 직업 기능을 체득할 수 있도록 하는 단계이다.

실행/성찰 단계는 '취업/창업 설정, 취업 스킬, 취/창업 준비 활동'을 한 후에, '지속적으로 근로 활동하기', 직업과 직무에 부합하는 '마인드/태도와 자세/관계 원칙'을 정립하고, '직업 경력'을 발전적으로 축적한다. 실행을 통해 직무 기능의 역량 강화를 향상시킨다. 실행 전에 수준에 맞는 목표를 설정하고 목표에 부합하는 프로그램을 설계해야 한다. 설계하고 기록하고 피드백을 통해 재설계하는 과정으로, 피드백은 스스로 할 수도 있고, 조력자와 함께 할 수 있으며, 동료 피드백 과정이 있다.

세 번째는 직업진로교육의 커리큘럼 개발이다.

직업진로교육이 뒤죽박죽으로 진행되어, 투여되는 재원에 비해 거두고 있는 효과가 미흡하다. 청소년기의 직업진료 교육이 '호기심-관심'과 '인지-탐색'에서 발전하지 못하고 다람쥐 쳇바퀴 돌 듯하고 있다. 그 주된 원인이 커리큘럼이 없기 때문이다.

중학교 3년 전 과정에 진로서 1권, 고등학교 3학년 전 과정에 진로서 1권이 전부이다. 중학교와 고등학교 진로서의 단계 발전과 내용이 질적으로 큰 차이가 없다. 대학의 교사 양성 정규 교육 과목에 '진로' 전공이 없다. '진로' 전공 교사가 없는 상황에서 커리큘럼이 없는 것은 상황을 더욱 악화시키고 있다.

필자는 2년 동안의 노력 끝에 커리큘럼을 개발했다. 이 커리큘럼을 본 교육 현장의 반응은 이것을 도입하려면 교육 혁명이 일어나야 한다고 하였다. 청소년의 올바른 직업진로교육을 위한 일이라면 그것이 혁명이라도, 일어나야 할 것은 일어나야 한다.

필자가 개발한 커리큘럼의 틀은 아래와 같다.

직업진로교육 커리큘럼 개요

○ 교육 과정 기간: 5년
○ 교육 향유자
　– 정규 교육기관: 중2~고3
　– 학교 밖 청(소)년: 중등 과정

○ 커리큘럼 구성

구분	단계	핵심 영역	프로그램	과목
개수	7	19	45	118

○ 단계별 핵심 영역과 수행 내용

단계	영역	프로그램명		과목명	주요내용
인지	심리	나 알기		GPA GEOPIA 도형심리검사	그림, 문항 검사로 타고난 성격 유형과 현재 심리 상태 파악
				MBTI성격유형검사	문항 검사로 16가지 성격 유형 파악
	인성	기본소양	의사소통 1단계	바른 의사 전달 방법	나와 상대의 원활한 의사 전달 방법 알기
			의사소통 2단계	비언어적 소통의 중요성	비언어적 소통의 중요함과 우리의 행동 짚어보기
			문제 해결	사막에서 탈출하기	활동을 통해 문제 해결 방식과 우선순위의 결정 이끌어내기
			팀웍과 리더십	도전 60초	다양한 팀웍 활동으로 60초 이내에 완수하기
			환경과 자원 관계 형성	나의 주변 환경에서 찾을 수 있는 자원	물적 자원과 인적 자원의 관계 형성

인성	바탕소양	개인윤리	내 선택 기준은 무엇인가?	개인 윤리의 이해와 핵심 사항 알기
		사회윤리	사회 공동체의 선택 기준은 무엇인가?	사회 윤리의 이해와 핵심 사항 알기
		세계무역게임	세계무역게임	협동과 협상의 좋은 원칙을 게임으로 이끌어내기
인지	진로	코칭	진로학습코칭-1단계	좋은 학습 습관 기르기	집중력을 높이는 학습 코칭
				진학 정보 잘 찾기	1회기) 고교 진학을 위한 준비 과정 2회기) 고교 진학 정보 수집과 활용 방법
			진로학습코칭-2단계	좋은 학습 습관 기르기	좋은 학습 습관이 나에게 미치는 영향
				진학 정보 잘 찾기	대학 진학 정보 수집과 활용방법
			진료코칭	진로 검사	1회기)진로 발달 검사 2회기)고교 계열 흥미 검사 3회기)직업 흥미 검사, 직업 가치관 검사
				진로 정보-오프라인 활용하기	유형, 찾기, 참여하기, 정리하기, 공유하기
				진로 정보-온라인 활용하기	유형, 찾기, 참여하기, 정리하기, 공유하기
		개발	자기개발	자기 개발의 방향과 방법	자기 관리, 시간 관리의 방법
				진로형 이력서	현재와 미래의 이력서 작성, 목표 경력(경험), 자격증(기능 역량), 학습(지식) 역량 알기, 목표 정하기, 계획하기
				진로형 자기소개서	현재와 미래의 자기소개서 작성 목표 설정, 계획 세우기
				포트폴리오-1단계	진로 포트폴리오의 중요성, 작성 요령
				포트폴리오-2단계	한눈에 보는 포트폴리오 구성하기

인지	진로	개발	자기 개발	Life Model Design-1단계	1회기) 라이프 모델 디자인이란? 2회기) 나의 핵심 가치 찾기
				Life Model Design-2단계	3회기) 나의 핵심 자원과 활동 찾기 4회기) 나의 인적 자원과 관계 형성하기 5회기) 라이프 모델 디자인 완성하기
		참여	잡 맛보기	찾아가는 진로 체험 버스	공감형 프로그램과 유망형 프로그램 정보 제공, 전문가 강연, 실기 서비스 제공
				나의 직업 스토리	현장 직업인에게 듣는 직업 이야기
탐색	호기심 / 꿈	자기 탐색		자기 탐색의 방향과 방법	나의 강점을 알고 개발 방법 찾기
		꿈찾기		꿈의 고리	'나의, 우리의, 사회의, 시대의' 꿈
				꿈의 3가지 모습	세계 어린이들의 꿈을 통해 본 3가지 모습
				꿈을 이루는 방법	취미, 자원봉사, 직업은 사다리다!
		디자인 씽킹		'미션'의 5가지 융합 역량 키우기	'공감, 인식, 기획, 실천, 성찰'의 5가지 융합 역량 1회기) 디자인 씽킹이란? 2회기) 공감의 중요성 3회기) 문제 인식과 아이디어 도출 4회기) 시제품 제작과 피드백 5회기) 최종 시제품 제작과 발표
		미래의 생활과 직업		4차 산업혁명과 생활의 변화	4차 산업혁명이란? 생활의 변화
				4차 산업혁명과 직업의 변화	4차 산업혁명에 따른 직업의 변화
		직업의 이해	직업 마인드	직업과 행복한 삶	일과 직업 관련 개념, 행복한 직업의 조건
				직업 선택의 자기 가치관	S-R-E기법 학습하기

			직업 마인드	직업은 로드맵이다	취업 로드맵 10단계 알기
탐 색	가 치 관 / 직 업	직업의 이해	직업세계	부	'부'의 이해와 역사, '부'의 유형
				기업	기업의 주요 이해관계자, 기업 목적, 기업 지위의 유형 등 핵심 이해하기
				노동관계	노동관계 구성원, 노동관계의 원리, 좋은 노동관계 등 핵심 이해하기
				보상	보상의 4가지 유형, 보상 원리 등 핵심 이해하기
				조직 문화	조직 문화 형성의 주요 요소, 지 배 구조와 정체성, 좋은 조직 문 화 등 핵심 이해하기
				직무 리더십 (기업가 정신)	개념 이해, 직무별 리더십 유형과 특성 등 핵심 이해하기
	직 무	NCS와 고용세계		NCS의 이해	도입 배경, 목적과 목표, 주요내용, 적용 대상, 적용 시기 등 이해하기
				고용 세계의 변화와 '나'	새로운 인재상 이해하기, 자신이 키울 능력 알기, 능력 키우는 방법 알기, 이를 증명하는 법 알기 새로운 고용관계 알기, 이에 조응하는 직업 스타일 알기, 자신의 직업 스타일 만들기
		직업 로드맵		준비하기	모아야 할 정보 알기, 정보 찾기, 정보 분석하기, 공유하기
				수립하기	방향 정하기, 목표 정하기, 계획 수립
		직무 로드맵		준비하기	방향 정하기, 목표 정하기, 계획 수립
				수립하기	방향 정하기, 목표 정하기, 계획 수립
		잡 리서치		오프라인 활용하기	유형, 찾기, 참여하기, 정리하기, 공유하기
				온라인 활용하기	유형, 찾기, 참여하기, 정리하기, 공유하기

	직무	진학 리서치	오프라인 활용하기	유형, 찾기, 참여하기, 정리하기, 공유하기
			온라인 활용하기	유형, 찾기, 참여하기, 정리하기, 공유하기
간접체험	잡미팅	참여	잡토크 (현장 직업인 강사- 교육생)	현장 직업인이 말하는 진짜 직업 맵	직업 내 갈래와 직무 내용, 직무별 마인드, 발전전망, 보상, 갖추어야 할 자격과 역량, 준비 과정
			잡모임 (기업 관계자- 교육생)	기업과 미래 노동자: 더 잘 알아보자!	기업 소개(비전, 사명, 경영 철학), 비즈니스, 기업 인재상, 보상, 채용 정보 등
			잡채팅 (기업 인사 담당자- 교육생)	구인자와 구직자: 민낯으로 만나다	기업별 직무 마인드, 직무 태도와 자세, 근로 조건, 필수 직무 역량, 채용 절차와 심사 정보, 입사 원서와 면접 정보 등
	견학	스스로 하기	준비하기	계획서 작성하기	작성 원칙, 작성틀, 작성법 알기, 초안 작성하기, 공유하고 의견 나누기, 수정하여 완성하기
				찾고 준비하기	내게 맞는 프로그램 찾기 적절하고 좋은 지원기관 및 수행기관 찾기 준비 사항, 연락하기, 견학 시 에티켓, 핵심 포인트 알기
			실행하기	참여하여 100% 활용하기	방문하기, 보고 묻고 듣기, 정리하기, 공유하고 의견 나누기
		참여	기업과 직무 만나기 (1)	견학- 업그레이드 하기 :1일 프로그램	기업 방문하여 기초 기업/직무 정보 알기
	체험	스스로 하기	준비하기	계획서 작성하기	작성 원칙, 작성 틀, 작성법 알기, 초안 작성하기, 공유하고 의견 나누기, 수정하여 완성하기

간접체험	체험	스스로 하기	준비하기	찾고 준비하기	내게 맞는 프로그램 찾기
					적절하고 좋은 지원기관 및 수행기관 찾기
					준비 사항, 연락하기, 견학 시 에티켓, 핵심 포인트 알기
			실행하기	참여하여 100% 활용하기	방문하기, 보고 묻고 듣기, 체험하기, 정리하기, 공유하고 의견 나누기
	참여	기업과 직무 만나기 (2)	체험-업그레이드하기 : 5일 프로그램		기업 방문하여 기초 직무 교육 (이론, 실기)경험하기
직무역량	공통역량	관계역량	3가지 핵심 역량 키우기	과업과 팀원에 임하는 태도와 자세	이해하기, 1차 실기, 공유하기, 2차 실기 하기
				좋은 소통하는 생각법	이해하기, 1차 실기, 공유하기, 2차 실기 하기
				좋은 의사결정을 하는 대화법과 토론법	이해하기, 1차 실기, 공유하기, 2차 실기 하기
		실무역량	OA 역량	한글, 워드, 엑셀, 파워포인트	직업에서 필수성 이해하기, ITQ자격증 취득과정 알기
			필수 문서 작성과 관리	아이디어서, 기획서, 보고서 작성법	이해하기, 초안 작성하기, 공유하기, 수정하여 완성하기
				문서 분류와 관리법	이해하기, 1차 실기, 공유하기, 2차 실기 하기
			재무 자료 이해	대차대조표, 손익계산서	이해하기, 1차 실기, 공유하기, 2차 실기 하기
			필수 행정 이해	인사 필수 행정	사회보험의 이해와 필수 행정 사항
				세무 필수 행정	회계장부 이해, 세금계산서, 입출금, 계좌 관리, 원천징수
	기본기능	스스로 하기	준비하기	계획서 작성하기	작성 원칙, 작성틀, 작성법 알기, 초안 작성하기, 공유하고 의견 나누기, 수정하여 완성하기
				찾고 준비하기	내게 맞는 프로그램 찾기
					적절하고 좋은 직업훈련기관 찾기
					준비 사항, 연락하기, 견학 시 에티켓, 핵심 포인트 알기

직무역량	기본기능	스스로하기	실행하기	참여하여 100% 활용하기	방문하기, 보고 묻고 듣기, 체험하기, 정리하기, 공유하고 의견 나누기
		참여	직업훈련지원프로그램참여하기	일반 고 비진학 학생 직업훈련 위탁	취업지원 프로그램 참여 후 위탁 과정 참여하여 직무 기능 역량 향상
				구직자 직업훈련 지원 사업	취업지원 프로그램 참여 후 방학 시기에 이용하여 직무 기능 역량 향상
직무체험	교육형	스스로하기	준비하기	계획서 작성하기	작성 원칙, 작성틀, 작성법 알기, 초안 작성하기, 공유하고 의견 나누기, 수정하여 완성하기
				찾고 준비하기	내게 맞는 프로그램 찾기
					적절하고 좋은 지원 기관 및 수행 기업 찾기
					준비 사항, 연락하기, 방문 시 에티켓, 핵심 포인트 알기
				필수 확인 사항 알기	직무연수합의서, 교육 계획서, 상해보험 가입 등
			실행하기	참여하여 100% 활용하기	방문하기, 보고 묻고 듣기, 교육하기, 정리하기, 공유하고 의견 나누기
		참여	기업과 직무 만나기 (3)	직무연수-업그레이드하기: 1개월~3개월 이내	기업에서 구체적인 직무 교육 (이론,실기,실습)과 직무 수행의 경험하기
	노동형	스스로하기	준비하기	계획서 작성하기	작성 원칙, 작성틀, 작성법 알기, 초안 작성하기, 공유하고 의견 나누기, 수정하여 완성하기
				찾고 준비하기	내게 맞는 프로그램 찾기
					적절하고 좋은 지원 기관 및 수행 기업 찾기
					준비 사항, 연락하기, 방문 시 에티켓, 핵심 포인트 알기
				필수 확인 사항 알기	근로계약서, 직무 관련 사항, 근무 관련 사항, 사회보험 가입 등

직무체험	노동형	스스로 하기	실행하기	참여하여 100% 활용하기	방문하기, 보고 묻고 듣기, 교육하기, 정리하기, 공유하고 의견 나누기
		참여	기업과 직무 만나기(4)	현장 실습(인턴)- 업그레이드하기: 2개월 이상	기업에서 노동 경험을 통해 구체적인 직무 수행 역량을 익히고 정식 근로계약 체결의 기회 갖기
실행	공통	사회 진입 1단계 로드맵		로드맵 이해하기	적절한 유형 찾기
				사회적 지원 제도와 프로그램 알기	단계별(구직, 취업, 실업)공공과 민간의 지원 제도, 프로그램
				로드맵 작성하기	3~5년 이내의 로드맵을 구체적 작성하기, 공유하기
		노동인권	노동인권과 노동관계 제도의 이해		1.노동인권의 원칙, 원리, 태도와 자세 2.노동(근로)관계의 이해 3.주요 노동 권리와 의무 4.주요 노동 제도와 주요내용
			노동인권 보호 방법		1.스스로 하기(예방부터 처리까지) 2.사회적 자원 활용하기 (공공 기관, 민간 기관) 3.사례 알기 4.지원 관련 행정 처리법
			노동 권리 지키는 법		1.근로계약서 작성 실기 2.임금/연차휴가 계산법실기 3.사실 관계 기록문서, 권리 구체 문서 작성 실기
			노동관계 윤리		1.사용자와 노동자 간 윤리 2.상급자와 하급자 간 윤리 3.동료 간 윤리
	취업	취업 캠프	취업 성공 전략	합리적 목표 정하기	이해하기, 초안 작성하기, 공유하고 의견 나누기, 수정하여 완성하기
				정보 모으고 분석하기	
				전략, 전술, 계획하기	
				실행과 성찰하기	
			취업 스킬	NCS형 이력서 작성법	
				NCS형 자기소개서 작성법	
				NCS형 포트폴리오	

실행	취업	취업캠프	취업스킬	어필하는 면접	이해하기, 1차 모의면접, 공유하고 의견 나누기, 2차 모의면접, 나의 면접 강점 정리하기
			고용 지원 프로그램 활용하기	내게 맞는 지원 프로그램 찾기	지원 내용형, 취업 경로형, 보유 역량형, 사회적 약자 우선형, 소요 기간형, 운영기관형
				적절하고 좋은 지원 기관 찾기	좋음의 기준 알기, 사이트 찾기, 내용 보기, 분석하기
		참여	취업 지원 프로그램 참여하기	참여하여 100% 활용하기	핵심 내용 알기, 참여 방법 알기, 효과 극대화하기
		실행		취업 액션!	채용 정보 찾아 분석하기, 전략과 계획하기, 입사 원서 내기, 면접 보기, 결과에 따른 후속 사항
	창업	창업스쿨	모색하기	창업 적성 알기	모험심, 진취성, 몰입성 등 핵심 적성 파악하기
				창업 아이템 정하기	온-오프라인에서 찾기, 분석하기, 멘토 만들기
			준비하기	창업 디자인하기	핵심 4개 영역 '조직, 관계, 비즈니스, 재정' 설계 '기획서-총괄계획서-분야별 계획서'작성하기
				경영 지식 배우기	인사, 세무, 마케팅 핵심 알기
				경영 실전 역량 키우기	현장에서 3개월 이상 일하기
			창업 지원 프로그램 활용하기	내게 맞는 지원 프로그램 찾기	지원 내용형, 창업 목적형, 창업 경로형, 보유 역량형, 사회적 약자 우선형, 소요 기간형, 운영기관형
				적절하고 좋은 지원 기관 찾기	좋음의 기준 알기, 사이트 찾기, 내용 보기, 분석하기

실행	창업	참여	창업 지원 프로그램 활용하기	참여하여 100% 활용하기	핵심 내용 알기, 참여 방법 알기, 효과 극대화하기
		실행	작고 즐거운 창업 하기	세미 창업	개업 준비, 개업, 운영, 점검, 평가와 개선
	성찰	스스로 하기		진로 플래너: 온라인 서비스 프로그램	설계하기, 기록하기, 정리하기 피드백(코칭) 온라인-수시
		조력자와 함께 하기		멘티-멘토 프로그램: 온-오프라인 서비스	묻고 답하기, 나누고 공유하기 온라인-수시, 오프라인-분기별 1회
		동료와 함께 하기		피어((Peer) 멘티- 멘토 프로그램: 온라인 서비스	온라인-수시

직업진로에 대한 이해

꿈과 직업

월드비전에서 2017년 '꿈이 무엇인가'라는 주제로 전 세계 아동과 청소년들에게 인터뷰한 조사결과를 살펴보자. 시리아 청소년들의 '평화로운 세상, 집에 돌아가는 것'이다. 전쟁으로 많은 고통을 겪고, 늘 긴장 속에 사는 상황에서 당연히 평화가 꿈이다. '좋은 직업'이 꿈이라고 하는 청소년들은 한국, 캐나다, 독일, 호주, 아일랜드의 순으로 많았다. 특히 우리나라 아동들은 '84%'로 다른 나라 아동들과 확연히 구분될 만큼 많았다.

그런데 '꿈=직업'이 맞는 것인가? 분명히 잘못된 등식이다. 이러한 등식은 우리 사회가 만들어 아이들에게 주입시킨 결과이다. 그 증거가 있지 않은가? 조사 결과에 따르면 뉴질랜드 청소년들은 세 명중 한 명이 '평화롭고 평등한 세상'이 꿈이다. 그런데 우리나라에서는 꿈이 없는 어른들이 '직업'을 꿈으로 탈바꿈하여 아이들에게까지 주입시킨 것이다.

청소년들이 '아름다운 시를 쓰고 싶어요' 하면, '네 꿈은 시인이겠구나', '아픈 사람을 돕고 싶어요' 하면 '의사가 되어라'라고 하며 '직업'을 꿈의 열쇠로 던져준다. 하지만 시인이 아니어도 시를 쓸 수 있고, 의사가 아니더라도 아픈 사람을 돌볼 수 있다. 청소년의 꿈을 오직 직업으로 환원하는 것은, '서글픈 우리 사회의 단면이기도 하다.

필자는 직업을 '꿈을 이루는 좋은 길'이라고 본다. 목적과 방법을 혼돈해서는 안 된다. 꿈은 어떤 가치에 대한 지향이다. 어느 곳을 가려면 목적지가 분명해야 하듯이 꿈을 이루기 위해서는 '지향'이 명확해야 한다.

꿈은 다양하다. 누구는 삶에 충실할 수 있는 것이고 어떤 이는 미래에 가치를 둘 수 있기에 지향은 다양하다. 그러나 지향하는 가치와 그것을 이루기 위한 수단은 구분해야 한다. 어디로 가야 하는지 모른 채 따라가야 하는 지도는 내 지도가 아니다. 명확한 지향이 없이 길을 떠나면, 한 번 길을 잃으면 내 길을 찾는 데 큰 어려움을 겪게 된다. 직업은 지향을 이루기 위한 방법이지 목적이 아니다.

청소년이 꿈을 이루기 위해 선택한 직업을 알고 싶으면, '네 꿈이 뭐니?' 라고 묻지 말고, '너는 꿈을 이루기 위해 어떻게 할래?' 라고 물어보아야 한다. 좋은 질문이 올바른 대답을 이끌어낸다. '아픈 사람을 돕고 싶다는데, 어떻게 아픈 사람을 도울래?'라고 질문했을 때, '의사로서 돕고 싶어요'라고 대답하게 된다.

진로와 심리/ 인성/ 적성

구분	개념	특징	직무와 관계성	목적	코칭 방향
심리	타고난 기질	잘 바뀌지 않음	있음	자기 발견	강점: 계발 약점: 보완(없앨 수는 없음)
인성	개인 윤리성 (자연인, 양심에 기초)	검사로는 알기 어려움. 깨달음의 교육 프로그램(체득형) 필요	별로 없음	자신에 대한 책임	직업(직무)에 대한 '가치관/태도/자세' 정립하도록 도움
	사회 윤리성 (집단인, 공동체성에 기초)			사회에 대한 책임	
적성	일(직업/직무)에 대한 정서적 특징(흥미/ 선호/친근/ 열정/성취감/ 행복감)	대부분의 경우 적성이 직업을 결정하는 핵심 요소는 아님. 직업 만족도는 적성만이 아니라 개인에 따라 다른 요소들에 의해 달라짐.	있음	맞는 직업군 파악	직업으로 갈지, 취미로 갈지 선택하도록 도움

진로의 사전적 의미는, 각 개인의 소질을 발견하고, 사회에 유용한 역할을 하고, 행복한 삶을 살 수 있도록 하는 것이다. 우리는 흔히 '진로를 찾는다'라고 말한다. 그래서 '검사'가 유독 강조되고 있다. 물론 검사가 필요한 경우도 있지만 그 효과가 지나치게 과장되고 필요 이상으로 많이 하고 있다. 많은 진로검사 도구들이 있다. 이 도구들의 전제는 '진로 찾기'이다. 검사를 통해 알게 되는 것은, '나는 나를 모른다'는 것이

다. 자기 소질대로, 적성대로 일(직업)하는 사람이 얼마나 될까? 대부분의 사람들은 소질/적성과는 상관없는 일(직업)을 하고 있다.

흔히 '너는 관습형이니까 행정을 해야 해, 너는 예술형이니까 예술방면에서 일을 해야 해'라는 식의 판단을 한다. 행정가가 예술적 기질이 있으면 안 될까? 성격이 자유분방하면 회계사를 하면 안 될까? 소질과 적성에 맞지 않는 일을 하면 행복하지 않거나 성공하지 못하는가? 소질과 적성에 맞지 않던 일(직업)을 버리고 소질과 적성에 맞는 일을 찾은 후에 행복해지고 성공했다는 소수의 사례가 신화가 되기도 했다. 그러나 현실의 우리는 대부분 적성과 상관없이 일을 하고 있다. 소질과 적성에 맞는 직업을 찾아야 한다는 강박에서 벗어나야 한다.

'나를 찾는다'라고 하는데, 찾지 못한다고 해서 자기를 모르는 사람이 되는 것이 아니다. 자신을 찾은 사람이 얼마나 있을까? 즉 자기를 찾는 데 지나친 노력을 허비하지 말자는 것이다. 자신을 잘 모르고 찾지도 못한다고 방황하고 불안해야 하는가? 그러한 고민을 하기보다 자기 스스로를 만든다고 생각하자. 쌓여가는 경험을 통해 나를 알게 되고 자신을 찾게 된다. 아무것도 보이지 않는 곳에서 찾는 것이 아니라, 열심히 하나 둘 쌓아가다 보면 저절로 보인다. 만들어가는 과정이 발견하는 과정이다. 자신이 하고 있는 일(직업)을 자신의 소질과 적성을 살려 새롭게 창조하자. 일(직업)에서 행복하고 성공한 사람들은 대부분 이런 사람들이다.

진로는 내적 요소와 외적 요소가 복합적으로 작용한다. 실제로는 외적 요소가 크게 작용하는데, 당위적으로 '내적 요소'를 강조하고 있다.

직업/직무를 결정하는 요소	내적 요소	심리, 적성, 인성	
	외적 요소	환경	좋은 경험(사람, 일, 조직)을 하도록 함

'진로'는 미리 정해져 있는 것이 아니므로 찾는 것이 아니다. 진로는 만들어가는 것이다. 즉 자신의 실제적 존재를 만들어가는 과정이다. '찾는다'라는 표현은 이미 있는 것을 우리가 모르고 있다는 것을 의미한다. 우리의 진로가 이미 만들어져 있는 것은 아니다. 자기 인생관을 만들어가는 것처럼, 진로 또한 스스로 만들어가는 것이다. '진로 찾기'가 아니라 '진로 만들기'로 표현을 바꾸어야 한다. 그 길을 스스로 만들어가야 한다.

진로와 사명

'인생진로, 사회진로, 직업진로' 중 사람에게 가장 큰 영향을 끼치는 것은 무엇이라고 생각하는가? 대부분의 사람들은 인생진로라고 이야기한다. 우선적으로 '내가 생각을 똑바로 먹어야지'라고 생각하는 것이다.

'가치, 비전, 사명'을 들어 이야기해 보겠다. 사람과 조직의 정체성(identity)을 결정하는 것은 똑같이 이 세 가지이다.

사명은 반드시 해야 하며, 구체적이며, 지금 해야 하는 실천이다. 가치는 궁극적으로 추구해야 하는 이상으로 추상적이며, 절대 양보할 수 없는 윤리적인 개념이다. 비전은 궁극적으로 이루고 싶은 모습으로서 미래 시점이다. 구체적이며 현재인 것은 오직 '사명'이다.

'가치, 비전, 사명' 중 정립되는 순서가 정해져 있는 것은 아니지만 그것을 수행해가는 과정에는 순서가 있다. 가치는 머리로 정립되는 것이 아니다. 가치는 삶을 통해 정립된다. 삶이라는 것은 행동으로 이루어지며 어떤 행동을 하는가를 결정하는 것이 사명이다. 가치를 정립하면서 사명을 이루는 게 아니라 사명에 맞는 행동을 하면서 가치가 정립이 된다. 지금 내가 무엇을 어떻게 할 것인가에 집중해야 한다.

어린아이는 쓰레기를 아무 데나 버린다. 누구나 알고 있는 것을 어린아이는 아직 알지 못하고, 쓰레기통에 버리는 것이 몸에 배지 않았기 때문이다. 혼날 일은 되지만 그렇다고 결코 나쁜 아이가 아니다. 청소년이 잘못된 행동을 하면 '넌 문제아야'라고 단정 짓는다. 하지만 청소년은 좋은 행동이 자리 잡지 못한 것이다. 좋은 행동을 하다 보면 체득되어 좋은 습관이 된다.

일본에서 중학교 교사가 교육청 게시판에 이런 질문을 하였다.

"수업 중 한 학생이 질문을 했어요. 왜 사람을 죽여서는 안 되냐고요? 저는 아무 말도 못했어요. 어떤 대답을 해야 하나요?"

이 내용이 게시판에서 화제가 되었고, 방송국에서는 전문가 패널들을 출연시켜 토론을 열었다. 그중 한 전문가가 '무엇을 고민 하는가? 살인하는 게 용납되는 때가 있는가? 살인은 무조건 안 되는 것이다. 왜 이 질문에 도덕적, 논리적으로 설명하려고 하는가?'라고 말했다. 현재 우리 사회는 사람을 죽이고 있다. 곳곳에서 전쟁으로 많은 사람들이 죽어가고 있다. 사람이 사람을 죽이고 있는 사회이기에 그 죽임의 정당화를 위해 온갖 노력을 하고 있는 어리석음에 일침을 가한 것이다.

'사람은 죽여서는 안 된다'라는 전제를 가지고 사는 사람과 '사람은 때에 따라 죽일 수 있다'라는 전제를 가지고 사는 사람은 분명 행동이 달라진다. 그러므로 우선 사명에 집중하자. 사명에 집중하고 사명을 이루어 나아가면 다른 것들이 보인다.

필자는 스스로를 자립지원가라고 소개한다. 사실 우리나라 직업군에 자립지원가라는 직업은 없다. 그러나 사회적 약자의 경제적 자립을 지원하는 활동을 20년간 계속해오다 보니 자립지원가가 되었다. 사명에 충실한 '나'로 살다 보니 '나'의 비전이 자립지원가라는 것을 발견하게 된 것이다. 그러니 가치를 정립하겠다고 에너지를 소모하지 말고, 좋은 행동과 습관을 몸에 익히도록 해야 한다. 대부분의 사람들이 일생에서 가장 많이 하는 행동이 직업 활동이다. 그러기에 사람에게 가장 많은 영향을 끼친다. 직업 활동의 질을 결정하는 것이 직업진로이다.

진로와 역량

교육을 한다는 것은 지적 역량과 기술적 역량을 키우는 것이다.

역량은 '교육, 경험, 성찰'을 통해 키워진다. 지적 역량의 유형은 '상식, 지식, 지성, 설득, 지혜, 철학, 신앙'으로 구분할 수 있다.

구분	상식	지식	지성	지혜	철학	신앙
판단 방법	반응적 판단 (선험적 결정)	합리적 판단 (이성에 의한 추론적 결정)	대의적 판단 (시대·사회의 요구에 부응하여 결정)	직관적 판단	성찰적 판단	영성적 판단
주체	시민	지식인 (기능적, 지도적)	지성인 (활동가, 운동가, 개혁가, 혁신가, 혁명가)	멘토, 스승	철인, 현자	성인, 그루
방법	제거	계몽	설득	교감	포용	희생

추구	질서, 결속	문제 해결, 개선	창조, 변화와 비약	행복, 인간의 성숙	완전, 사회의 성숙	영원, 근원적 성숙

상식은 반응적 판단으로 이미 시민 사이에서 선험적으로 결정된 것이며, 상식에서 벗어난 것들은 제거된다. 지식은 합리적 판단으로 지도적 지식인에 의한, 이성에 의한 추론적 결정체라고 할 수 있다. 주로 계몽을 통한 문제 해결과 개선을 추구한다. 지성은 대의적 판단으로 활동가, 혁명가들이 시대·사회의 요구에 부응하여 결정한 지식 수준으로 변화와 비약을 위하여 대중을 설득하기 위한 역량이다. 지혜는 직관적 판단으로 스승이나 멘토들이 서로 소통하는 교감을 통하여 행복과 인간적 성숙을 추구하는 역량을 말한다. 철학은 성찰적 판단으로 철인, 현자들이 포용을 통해 완전과 사회적 성숙을 추구하는 것을 의미한다. 신앙은 최고 수준의 지적 역량이다. 이것은 영성적 판단으로 성인과 그루가 주체이다. 희생을 방법으로 영원과 근원적 성숙을 추구하는 지적 역량을 의미한다.

직업진로교육에서는 기술/기능뿐 아니라 지적 역량을 같이 키워야 한다는 것이다. 직업진로에서 지적 역량이란, 직업 및 직무의 '마인드, 기능, 수행 관계 능력'을 이루고 발전하는 힘이다. 직업진로교육의 목표는 직업진로에 대한 좋은 관점을 정립하고, 직업진로를 잘 찾아가는 역량을 키우는 것이다. 직업진로에 대한 좋은 관점을 정립한다는 것은, 직업은 생계를 포함하여 행복하게 사는 데 목적을 두어야 한다는 것이다. 직업을 선택하는 데 있어, 자신의 가치에 맞는 원칙을 찾아야 한다. 자신의 삶과 조화를 이룰 직업은 한 번이 아니라 많은 직업 경험을 겪으면서 결정된다는 것을 받아들여야 한다.

직업진로를 잘 찾아가는 역량 즉, 행복의 기준을 정립할 수 있는 힘, 자신의 삶에 대한 가치관을 정립하는 힘, 직업을 선택하는 자신의 기준을 정립하는 힘, 자신의 직업 로드맵을 잘 설정하는 힘을 향상시켜야 한다.

진로와 좋은 질문

청소년이 가지고 있는 힘과 기량을 찾기 위하여 조력자는 좋은 질문을 할 줄 알아야 한다.

'넌 이런 것을 하면 행복하니?'라는 질문은 완료형이다. '너는 무엇을 할 때 행복하니?'라고 진행형으로 질문해야 한다. 그림을 그리고 있을 때 행복한 사람이 있고, 사람들이 자기 작품을 감상하고 즐거워할 때 행복감을 느끼는 예술가가 있다. 현대 무용이 어머니라고 불리는 이사도라 던컨의 이야기다. 멕시코를 여행하는 중에 축제가 한창인 마을에 머물게 되었다. 마을 사람들이 이사도라 던컨의 일행들에게 춤을 권하자 다른 무용수들은 흙바닥에서 슈즈를 벗고 맨발로 춤을 추는 것을 거부했지만, 그녀는 망설이지 않고 군중들 사이로 들어가 맨발로 흙바닥에서 춤을 추었다. 그 때부터 그녀는 '맨발의 이사도라'로 불리게 되었다. 발레 슈즈를 벗고 춤을 추면서 관객과 하나가 되는 아름다운 희열을 느꼈다. 다른 사람들이 너무 행복해하는 모습을 통해 자기 꿈을 발견하게 된 것이다.

시기와 상황에 맞는 좋은 질문이 필요하다. '내가 그림 그리는 것을 좋아하니까 그린다'처럼 '재미있는 것을 하는 것'은 어린이에게는 맞을 수 있겠지만, 청소년에게는 맞지 않다. '너의 그림을 보는 사람들은 어떠할까?'라는 질문을 해야 한다. 이 질문에 몰입하고 대답을 하는 동안 자기의 가치관을 정립하게 되며, 자신의 기준을 정립한다. 좋은 질문은 직업진로를 찾는 데 도움을 준다.

진로와 일 경험

청소년들의 직업 탐색에서 가장 중요한 것이 일 경험이다. 일 경험은 평가가 아니라 함께 재미있게 일하는 즐거움을 알 수 있게 하기 때문이다. '일을 배우는 재미, 함께 일하는 재미, 성취하는 재미'를 알아야 한다.

일 경험은 '일 학교→공동체 일터→징검다리 일터' 순서로 하는 게 좋다.

'일 학교 단계'는 일을 배우는 재미를 느끼는 단계이다. 주로 일의 재미와 성취, 사회의 규칙 지키기 등을 배우게 된다. '공동체 일터'에서 중요한 포인트는 혼자 일하는 재미가 아니라 함께 일하는 재미를 배우는 것이다. 혼자 만들고 혼자의 작품을 전시하는 활동은 같이 작업하고 결과물을 내기까지의 과정보다 훨씬 쉽다. 그러므로 공동으로 작업하면서, 함께 일하는 재미를 배워야 한다. '징검다리 일터'에서는 비근로계약관계인 교육형 노동과 근로계약관계인 노동형 인턴십에 참여하여, 일과 직무를 탐색하고 일 마인드를 형성하며, 일터에 대한 적응력을 형성한다.

교육형 노동과 노동형 인턴십에 대한 정확한 개념 정리가 필요하겠다. 교육형 인턴십은 교육이다. 인턴십이 교육 과정임을 '학교, 기업, 정부, 청소년'이 명확하게 인지하고 있어야 한다. 특성화 고등학교 3학년은 현장 실습을 한다. 학교 대신 기업에 학생을 맡겨 지도하는 과정의 하나이다. 그러므로 '현장 실습은 교육이다'라는 개념을 분명히 해야 한다. 이 교육형 인턴십 단계에 참여하는 학생은 인건비를 받는 것이 아니라, 오히려 교육비를 내야 한다. 본래 인턴십은 기업이 인재 발굴을 위해 만든 인재 양성 과정이지 직원 채용 과정이 아니다. 분명히 개념을 재정립해야 한다. 인턴십을 채용을 위한 수단으로 생각하고 있었다면, 인턴십에 대한 개념을 다시 인식할 필요가 있다.

직업 탐색에서 일 경험의 중요성이 강조되고 있으며 활발해지고 있다. 중1~2학년 청소년이 참여하는 자유학기제의 대표적인 프로그램이다. 그런데 아직 그 효과성이 낮다. 첫 번째 원인은 미스매칭이 너무 많기 때문이다. 그 이유는 일 경험 참여 전에, 청소년의 직업 마인드 발달 단계와 일 경험 준비 정도, 일 경험 제공자의 제공 목적과 수용할 수 있는 청소년의 유형을 파악하지 않아서다. 그러다 보니 좋은 뜻으로 청소년에게 기회를 제공했던 지역사회의 기업 운영자들이 너무 힘들어서 다시는 하지 않겠다고 하기도 한다. 청소년도 자기가 원하는 것이 아니라거나 기대에 많이 못 미친다고 불만을 말한다. 두 번째 원인은 일 경험의 프로세스가 체계화되지 않아, 중구난방으로 수행되고 있다. 일 경험의 프로세스가 다음과 같이 체계화되어야 한다.

구분	프로그램	주요 내용	소요 시간
간접 경험	잡미팅	1. 교육생과 참여 기업들이 서로에 대한 이해 2. 상호 소통	1일/ 6시간
	직업인 만남	1. 토크	1일/ 2시간
		2. 실기	1일/ 4시간 이내
	잡캠프	목표에 따라 세부 프로그램 설계	2일/ 16시간 이내
직접 경험	견학	1. 교육생과 견학 기업 간 포괄적 이해 2. 기업의 정체성 (가치, 비전, 사명)에 대한 공유 3. 교육생이 희망하는 직무에 대한 개략적 이해 4. 기업의 조직 문화에 대한 개략적 이해 5. 기업 종사 시 개인 성장과 성숙에 관한 전망	1일/ 4~6시간 이내
	체험	1. 교육생의 가치관, 직업 마인드, 직업 전망의 　공유 2. 직무의 구체적 내용, 직무 필요 역량에 대한 　공유 3. 직무에 대한 관찰 및 간단한 실습 4. 기업 종사자들과 미팅	1주/ 3일 / 1일 6시간 이내
직접 경험	직무 연수	1. 기업이 원하는 직업 마인드의 개괄적 공유 2. 기업이 원하는 직무 수행 기초 역량의 체득 3. 교육생의 느낌, 생각, 성찰에 대한 기업의 　개방적 소통 4. 교육생의 마인드, 태도, 직무 역량에 대한 　기업의 적극적인 피드백	4주/ 주 3일/ 1일 6~8시간 이내 (업종 특성에 따라 변경 가능)
	인턴십	1. 기업이 원하는 직업 마인드의 공유 심화 2. 기업이 원하는 직무 수행 기본 역량의 체득 3. 교육생의 느낌, 생각, 성찰에 대한 기업의 　개방적 소통 4. 교육생의 마인드, 태도, 직무 역량에 대한 　기업의 적극적인 피드백 5. 조직 문화에 대한 교육생과 기업의 적극적 소통	9주/ 주 3일 / 1일 8시간 (업종 특성에 따라 변경 가능)

직업의 이해

직업은 '개인과 조직이 스스로 또는 협동을 통해 개인의 삶과 사회에 필요한 부(풍요)를 창출하여, 개인의 생계/행복/성숙, 사회의 유지와 발전을 이루는 것이다.

주체	방식	목적	효과
개인, 조직	스스로, 협동	개인의 삶과 사회에 필요한 부(풍요) 창출	개인의 생계/행복/성숙 사회의 유지와 발전

사람은 일하는 것을 좋아할까? 대부분의 사람은 일을 좋아한다고 한다. 일을 하기 싫어서 일하지 않는 사람은 매우 적다. 현재 일하지 않는 사람은 게을러서가 아니라 여러 다양한 이유가 있다. 사람은 일하고 싶어 하는 본성이 있다. 만약 사람들이 일하는 것을 좋아하지 않는다면 사회는 유지되지 않을 것이다.

직업의 조건

다음 중 직업이 아닌 것은 무엇일까?

미용사, 목수, 스님, 깡패, 사채업자, 축구 선수, 택시 기사, 용접공, 조리사, 분식집 주인, 실업자, 경리, 간병인, 청소원, 학생, 가수

직업이 갖추어야 할 조건은 첫째, 생산적이어야 한다. 구체적인 재화

와 서비스에 관련된 활동이어야 한다. 그러하기에 학업 활동은 직업이 아니다. 둘째, 노동의 결과로 금전적 보상이 있어야 한다. 자원봉사나 종교 활동은 금전적 보상을 전제하지 않기 때문에 직업 활동이 아니다. 셋째. 지속적이어야 한다. 아르바이트나 단기적인 일은 직업이 아니다. 넷째, 합법적이고 윤리적이어야 한다. 그러므로 불법으로 돈을 빌려주고 이자를 받는 것은 직업 활동이 아니라 범죄일 뿐이다.

위에서 살펴본 바와 같이 직업은 '생산성, 금전석 보상, 지속성, 합법 및 윤리성'이라는 네 가지 조건을 갖추어야 한다. 이 조건들이 충족되지 않으면 직업이라고 할 수 없다. 따라서 깡패, 불법적인 사채업자, 실업자, 학생은 직업이 아니다.

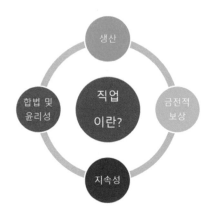

직업과 윤리

직업윤리에 대한 좋은 예를 들어 보겠다.

첫 번째로, 윤리적으로 친절한 채권추심 회사가 성공한 경우가 있다. 일반적으로 채권추심업은 윤리적이지 않다는 이미지를 가지고 있다. 채권추심 회사에 다니던 어느 여성이 평소에 점잖고 친절한 동료들이 채무자들에게만은 무서운 괴물로 돌변하는 모습을 보고, 이건 아니다 싶었다. 왜 그렇게 하나고 물었더니, 채무자에게 받아낸 만큼 임금을 받기 때문이라고 했다. 그 여직원이 퇴사하여 채권추심 회사를 세웠다. 직원들의 임금 기준을 채무자에게 얼마나 친절한가로 정했다. 채무자들이 직원의 친절도를 평가하도록 했다. 직원들은 채무자에게 친절하기 위해 노력했고, 놀랍게도 상환율이 다른 채권추심 회사보다 높았다.

두 번째로 결식아동 도시락 사업을 하는 사회적 기업의 사례다. 자금난으로 힘들던 시기에 대표가 우연히 사람들이 많이 들어가는 곳을 궁금히 여겨 따라 들어가게 되었다. 때마침 점심시간이라 직원이 무료 도시락을 주었는데, 품질이 형편없었다. 그는 직원에게 부탁해 책임자를 만나 질 좋은 도시락 납품을 제안해 성공하였다. 그곳은 화상 경마장이었다. 화상 경마장에 온 사람들은 몸에 좋은 음식을 먹고, 도시락 업체 직원들은 일자리를 유지하고, 남는 수익은 사명인 결식아동 지원에 사용되는 일석삼조의 효과를 거둘 수 있었다.

그런데 화상 경마장에 도시락을 납품하기 전에 약간의 실랑이가 있었다. 도시락 납품을 따낸 대표가 신이 나서 직원들에게 상황을 얘기하자 몇몇 직원들이 반대하였다. '내 손목을 자를지언정 도박꾼들 밥을 짓지 않겠다'는 것이었다. 다수의 직원들이 동의하여 납품하기로 하자, 반대한 직원들은 회사를 나가버렸다. 화상 경마장에 온 사람들 중 몇 명이 전문 도박꾼인지도 모르지만, 도박꾼이 밥 먹을 자격이 없다면 재소자들은 굶어죽어야 하는가? 음식의 본질은 사람을 살리는 것이다. 음식을 만드는 직업인이 음식을 먹을 사람의 자격을 따지는 것이 과연 윤리적인가? 의사와 간호사 같은 의료인들은 돈이 있든 없든, 적군이든 아군이든 치료를 해야 하는 것이 윤리이자 의무이다.

복잡한 현실에서 윤리적이냐 비윤리적이냐를 분별하는 것이 쉽지는 않다. 가습기로 많은 사람들이 죽거나 불치병에 걸려 큰 고통을 겪고 있다. 그 당시에 가습기의 심각한 유해성을 경영자와 높은 관리자만 알았을까? 제품을 만드는 숙련된 직원들도 알았을 것이다. 직원들은 상급자의 지시를 묵묵히 따르는 관성이 있고, 그것이 회사에서 자신을 보호하는 것이다. 직원들이 법을 어긴 것은 결코 아니다. 경영진들은 처벌받았지만 처벌받은 직원은 한 명도 없었다. 법보다 윤리성이 먼저다.

직업을 선택하는 기준

사람들은 어떤 기준으로 직업을 선택하고 있는가? 직업을 선택하는 주요한 4가지 기준은 '경제적, 정서적, 관계적, 일 자체'이다. 경제적 기준은 '자기 자립, 가족 부양, 노후 준비'이며, 정서적 기준은 '삶의 의미, 자아실현'이며, 관계적 기준은 '사회 구성원의 의무, 사귐, 사회적 지위, 다른 사람의 인정'이며, 일 자체의 기준은 '즐거움, 보람, 창조'이다.

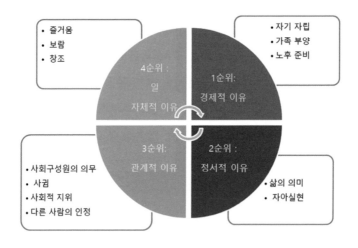

사람들이 직업에 대해 가지고 있는 생각은 아래의 3가지 핵심 질문에 대한 어떤 대답을 하는지를 보면 알 수 있다.

① 자신의 직업에 대한 생각과 사회 통념 중에서 어느 것이 중요한가?
② 사회의 직업관은 변한다고 생각하는가? 변하지 않는다고 생각하는가?

③ 자신에게 직업은 목적인가? 수단인가?

이 질문 각각에 대한 대답은 아래와 같이 구분된다.

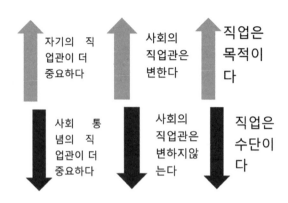

거창고등학교에는 다음과 같은 직업을 정하는 십계명이 있다.

○ 월급이 적은 쪽을 선택하라.
○ 내가 원하는 곳이 아니라 나를 필요로 하는 곳을 택하라.
○ 승진의 기회가 없는 곳을 택하라.
○ 모든 조건이 갖춰진 곳을 피하고 처음부터 시작해야 하는 황무지를 택하라.
○ 앞을 다투어 모여드는 곳은 절대 가지 마라. 아무도 가지 않는 곳으로 가라.
○ 장래성이 없다고 생각하는 곳으로 가라.
○ 사회적 존경을 바랄 수 없는 곳으로 가라.
○ 한가운데가 아니라 가장자리로 가라.
○ 부모나 아내가 결사반대하는 곳이면 틀림없다. 의심치 말고 가라.
○ 왕관이 아니라 단두대가 있는 곳으로 가라.

어느 누가 이 기준대로 직업을 선택하겠는가?
'거창고 아이들의 직업을 찾는 위대한 질문(강현정, 메디치미디어,

2015)'을 보면, 거창고등학교를 나온 사람들이 이 십계명대로 직업을 정하지는 않았지만, 항상 중요한 결정을 할 때는 이 십계명이 떠오른다고 한다.

우리 사회에는 고시 폐인들이 많다. 5년이 되도록 합격하지 못하면 합격할 가능성이 낮다고 한다. 그때는 포기해야 하는 것이 현실적이다. 그러나 그것을 포기하지 못하고 고시원에 머물러 있는 사람들이 있다. 자신이 포기하지 못하는 경우도 있지만 가족의 기대, 주변의 기대 때문에 그만두지 못하고 고시원에 머물러 있는 사람들도 볼 수 있다. 그들은 자기 삶에서 기회를 잃어버리는 것이다.

직업 탐색하기

직업을 탐색하는 과정은 아래와 같다.

1단계	2단계	3단계
직업 마인드 (3가지) 분야	직업 세계 (6가지) 분야	직무 분야
직업과 행복, 직업 선택의 자기 가치관, 직업 로드맵	경제적 부, 기업, 노동관계, 보상, 조직 문화, 직무 리더십(기업가 정신 등)	직업 내 갈래와 직무 내용, 직무별 마인드, 발전 전망, 근로 조건, 갖추어야 할 자격과 역량, 준비 과정 등

직업 탐색을 통해 알게 되는 순서는 다음과 같다.

직업관 알기		직업 가치와 직업체 알기		직업 종류 알기		입직 과정 알기
마인드, 태도, 자세	⇒	직업체: 영리/비영리, 개인/조직, 영리(이윤추구)/비영리 (공익 추구- 보편적 공익, 제한적 공익)	⇒	정체성, 역할, 상황, 필수 직무 역량 등 알기	⇒	해당 직업인이 되는 과정

직업 세계의 이해

직업 탐색의 핵심은 직업 세계를 이해하는 것이다. 인간을 이해하는 것은 인종이나 민족을 아는 게 아니라, 인간이 다른 생명체와 구분되는 고유한 특징을 아는 것이다. 현재의 직업 탐색은 직업의 종류, 기업을 탐색하는 것을 직업 세계를 이해하는 방법으로 사용하고 있다. 그런데 그것은 매우 제한된 이해를 할 뿐이다.

직업 세계를 구성하고 있는 6가지 기둥은 '부, 기업, 노동관계, 보상, 직무 리더십, 조직 문화'이다.

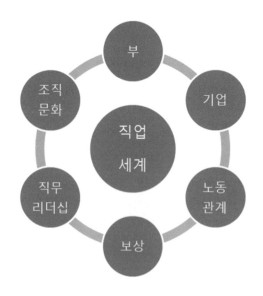

이에 대해 지금의 직업진로교육은 제대로 가르치지 못하고 있다.

'부'에 대하여

부를 왜 '돈'으로만 생각하는가? 부는 '풍요, 풍성, 가치(이익, value)'의 의미이다. 부는 인간 사회 유지를 위해 필요한 것으로, 경제적인 부, 사회적인 부, 문화적인 부, 생태적인 부가 있다.

경제적 부는 재화와 서비스의 양과 질, 공급과 소비의 능력을 토대로 하며 그것이 부족하면 사람의 생활이 곤란해지고 사회의 규모가 작아진다. 재화와 서비스의 풍족은 문명의 토대를 이룬다.

사회적 부는 인식, 제도, 시스템, 관행. 영성 등인데. 이 모두를 아우르는 게 인권이다. 경제적 부가 풍부하여도 사회적 부가 부족하면 공동체성이 약해진다.

문화적 부는 문학, 예술, 체육, 놀이, 음식 등이며, 다른 문화에 대해 개방적이며 더욱 다양해지고 풍부해진다.

생태적 부는 생태계의 풍부, 연결, 순환 등 생태계의 지속성에 대한 조건들이다. 생태적 부 또한 인간 사회를 형성, 유지, 변화, 발전하는 데 절대적으로 필수적이다.

구분	내용
경제적 부	재화와 서비스의 풍족성, 문명의 토대
사회적 부	인식, 제도, 시스템, 관행, 영성 등의 인권성
문화적 부	예술, 체육, 여가, 놀이 등 다양성
생태적 부	생태계의 풍부, 연결, 순환 등의 지속성

▶ '경제적 부'란 무엇인가?

경제적 부의 개념은 시대에 따라 달라졌다.

자본주의 이전	신의 은총, 특정인만 소유	타고난 것	신분제의 핵심 논리
자본주의	개인의 능력과 노력의 결과 모든 인간의 사적 소유 중심	후천적인 것	부의 무한 축적 허용= 자본주의의 핵심 논리
공동체주의	공동체(사회) 공유와 개인 소유의 조화	사회적 합의, 개인의 부와 공동체 (사회) 부의 균형과 조화	부의 강제적 및 호혜적 분배=공동체주의의 핵심 논리

자본주의 이전 신분제 사회에서는 부를 소유할 수 있는 능력은 타고 나는 것이며, 신의 은총이라고 했다. 그러니 신의 은총을 받은 특정인이 부를 소유하는 것을 당연하다고 생각했다. 자본주의 시대에는 부의 축 적이 개인의 능력과 노력의 결과로 인식하였기에 신분제를 극복할 수 있 었다. 또한, 모든 개인의 사적 소유를 인정하였다. 사적 소유를 능력의 결과로 인정하며 후천적 부의 무한 축적을 허용하였다. 자본주의의 핵 심 논리인 사적 소유는 매우 소중한 권리이다. 그러나 부의 무한 축적을 허용하는 것에는 맹점이 있다. 한 사람에게 끝도 없이 부가 쌓이는 것을 허용하고 '가난'을 부정적으로 인식하여, 가난한 사람을 능력과 노력이

부족한 사람이라고 비난한다.

공동체주의는 무엇인가? 공동체(사회) 공유와 개인 소유의 조화를 이루는 것이다. 인류 역사상 어느 사회에서도 개인의 사적 소유는 존재 해왔다. 하지만 사회적 합의에 따라 개인의 부와 공동체(사회) 부의 균형과 조화가 이루어져야 한다. 공동체주의에서는 개인의 무한 축적을 허용하지 않으며 부의 강제적 또는 호혜적 분배가 필요하다고 본다. 강제적 분배란 지금 우리나라 여러 지자체에서 시행하고 있는 청년수당을 예로 들 수 있다. 분배를 위해서는 세금이 필요하다. 왕족 시대에서 세금은 왕을 위한 것이지, 분배를 위한 것이 아니었다. 세금은 분배를 목적으로 해야 한다. 현대 사회는 공공 인프라를 구축하고 유지하며, 빈부 격차를 해결하고 인간의 기본적인 삶을 유지하기 위해 분배가 필요하다.

기본소득은 보편적으로 모든 사람을 위하여 분배되는 것을 의미한다. 공동체주의의 핵심 논리는 모든 사람의 기본적인 삶의 조건을 유지하기 위해 부의 크기에 맞는 공정한 세금 징수의 필요성을 의미한다.

▶ **'가치(이익, value)'란 무엇인가?**

사용 가치	생활 필요성	원시 사회	
교환 가치	물물 교환 (동등 가치)	상업주의 이전	
	부가 가치= 화폐, 상품, 부의 축적성	상업주의	자본주의
묵시적 가치	탐욕적 가치	자본주의	
	이타적 가치	공동체주의	

경제 활동은 사용 가치, 교환 가치, 묵시적인 가치를 창출한다. 사용 가치는 인간의 생존에 필수적인 쓸모가 있다는 것이다. 교환가치는 상업주의 이전 시대에는 동등성의 원칙에 따라 물물 교환을 하는 것이다.

상업주의와 자본주의 시대의 가치는 동등성의 원칙이 아니라 부가 가치가 교환의 기준이 되며, 물물 교환이 아니라 화폐가 교환의 중심이다. 부가 가치는 부의 축적을 목적으로 모든 재화와 서비스를 '생활의 쓸모'가 아니라 '부의 창출'인 상품으로 탈바꿈시켰다. 현물로 부를 축적하는 것이 여러 장애가 있어, 화폐를 만들어 부의 축적을 쉽게 하였다. 묵시적 가치에는 탐욕적 가치와 이타적 가치가 있다. 탐욕적 가치는 자본주의의 부정적 현상이며, 이타석 가치는 공동체주의의 긍정적 현상이다.

새로 출시한 옷을 10만 원에 판매하였다. 그러다가 1년 후, 세일을 하면서 이 옷을 1만 원에 내놓았다. 그렇다면 10만 원으로 정했던 그 가격은 공정한 가격이었을까? 공정한 가격이었다면 차이가 그렇게 크게 나지 않았을 것이다. 처음에 가격을 설정할 때 잘못한 것이다. 이런 탐욕적 가치 측정이 사회적으로 일반화되고 있다.

미국에서 큰 홍수가 났을 때 실제 일어났던 일이다. 복구하는 과정에서 수리·복구를 위한 중장비 이용 비용이 폭등하였을 때, '너무 탐욕적이다. 윤리적으로 이건 맞지 않는다'라며 소송이 벌어졌다. 재판 결과 '아니다. 이것은 보이지 않는 손에 의하여 이루어진 가격이기 때문에 공정한 것이다'라며 중장비 회사의 손을 들어 주었다. 법원의 판결은 자본주의의 시장 논리를 재차 인정한 수없이 많은 사례의 하나일 뿐이다. 가난한 사람들은 오랫동안 임시 피난처인 체육관에서 살아야 했다.

이렇듯 자본주의의 탐욕적 가치에 의하여 가격 설정이 일반화되고 있는 것이 오늘날의 모습이다. 공정한 교환이란 필요의 정도가 같아야 한다. 하지만 그러한 균등성을 측정하기가 쉽지 않다. 일례로 어떤 사람에게 물 한 병을 줄 테니 가지고 있는 핸드폰과 교환하자고 해보자. 결코 바꾸지 않는다. 반면 10일 동안 물을 먹지 못한 사람은 새 핸드폰을 주고라도 물 한 병과 바꾸려고 할 것이다. 두 사람은 동등한 가치로 교환을 한 것인가? 이렇듯 많은 경우 현실에서의 교환은 균등성의 원칙에 따라 이루어지지 않고 있다.

자본주의 안에 이타적 가치가 존재할까? 필자는 있다고 본다. 기업의 CSR이 이타적 가치인지, 마케팅을 위한 수단인지 의심받고 있다. 그러나 자본주의의 본질적 의미를 살펴보면, '이익'과 '이타'가 공존해왔다. 신분제의 비윤리성에 반대한 청교도는 자기가 열심히 일해서 결과물을 얻는 것을 축복이라고 보았다. 초기 자본주의는 '내 이익을 위해 다른 사람이 피해를 보아서는 안 된다'라는 것이 부 축적의 기본 전제였다. 신분제를 극복한 초기 자본주의는 초기 기독교에서 자기 것을 팔아 나누어 주던 공동체 신앙을 기반으로 형성되었다. 부의 나눔을 선의가 아니라 의무라 생각한 것이다.

초기 자본주의 정신을 다시금 생각해 보아야 한다. 일(직업)을 소명으로 하고, 신분이 아닌 능력과 노력을 중시하고, 다른 사람과 함께 살아가려고 했던 자본주의 가치를 배워야 한다.

기업에 대하여

시장은 사적 이익을 추구하며, 국가는 공적 이익을 추구하며, 시민사회는 공동체적 이익을 추구한다.기업은 시장의 대표적인 사업체이다. 사적 이익을 추구하는 시장에서 지배적인 역할을 하는 것이 기업이다.

▶ 직장, 회사, 기업의 뜻

직장은 본래 자신이 다니고 있는 사업체(장)가 있는 곳, 즉 사업체(장) 소재지를 뜻한다. 직장이 어디냐고 물으면, 'ㅇㅇ회사에 다닙니다'가 아니라 'ㅇㅇ지역에 있습니다' 하고 답하는 게 정석이다. 그러나 현실에서는 임금을 받고 다니는 사업체 전체, 즉 민간의 영리와 비영리사업체,

공공기관 모두를 포괄하여 사용된다.

직장	민간	기업	영리사업체	개인	
				회사	법인
		비기업	비영리사업체	개인	
				법인	
	공공		공공기관 등		

회사는 기업 중 '영리성, 사단성, 법인성'의 3가지 요소를 갖춘 사업체를 뜻한다. 법인은 영리를 목적으로 상행위를 하며, 개인들의 주인이며, 상법에 근거하여 설립된 '사단 법인(社團法人), 주식회사, 유한회사, 합자회사, 합명회사, 유한책임회사'가 있다. 그런데 일상에서는 '회사'를 '직장'과 같은 뜻으로 사용하고 있다.

기업은 이익을 목적으로 경제적 활동을 하는 조직 전체를 뜻한다. 영리사업체라고도 한다. 통계청 자료에 따르면, 우리나라에는 2018년 기준으로 400여만 개의 사업체가 있다. 이중 영리사업체인 개인사업체와 회사법인이 기업이다.

조직 형태별		사업체 수/비율(%)
전체		4,102,540(100.0)
영리사업체	개인사업체	3,247,792(79.2)
	회사법인	592,904(14.5)
비영리사업체	회사 외 법인	127,091(3.1) 127,091(3.1)
	비법인단체	134,753(3.3)

특수하게 공공 부문에도 기업이 있는데, 이를 공기업이라 한다. 공기업은 이익이 목적이 아니라, 공공 서비스를 제공하는 것을 목적으로 하는 비영리성이 강한 사업체이다. '회사 외 법인'에는 공익를 목적으로 주

로 비경제영역에서 활동하는 비영리법인과 구성원의 이익 실현을 목적으로 주로 경제 영역에서 활동하는 '협동조합, 조합, 조합법인'이 있다. 비영리법인은 민법에 근거하며, 조합은 각각의 법률에 근거한다. 협동조합, 조합, 조합법인은 조합원의 경제적, 사회적, 문화적 이익을 실현하는 곳이다.

▶ 기업의 네 가지 구성 요소

기업이 존재하기 위해서는 시장, 상품, 자본, 사람이 있어야 한다.

자본주의에서 '시장'은 물물 교환의 장소가 아니라 이윤 창출의 목적으로 상품이 거래되는 유무형의 장(場)이다. '상품'은 이윤을 목적으로 생산, 유통, 소비되는 재화와 서비스이다. '자본'은 상품의 생산, 유통, 판매를 통해 부가가치를 창출하는 데 소요되는 밑천으로, 생산 수단과 같은 뜻이다. 과거의 중요한 생산 수단(자본)은 땅과 기계였고, 지금은 금융과 지식이 핵심적인 생산 수단(자본)이다. '사람'은 사업체의 종사자다. 소유자, 경영자, 임노동자 등이 그들이다.

이 네 가지 구성 요소 중 가장 중요한 것은 사람이다. 사람 없이는

기업이 존재할 수 없으며, 기업의 성패를 결정하는 가장 결정적인 요소
가 사람이기 때문이다.

▶ **기업을 이해하는 5가지**

　기업을 이해하기 위해서는 기업의 핵심 대내·외 이해관계자는 누구
이며 핵심 이해 사항은 무엇인가, 기업은 모습은 어떠한가, 이윤이란 무
엇인가, 기업의 활동 방식은 어떠한가, 기업의 지배 구조는 무엇인가를
알아야 한다.

- 핵심 대내·외 이해관계자와 핵심 이해 사항은 무엇인가?
- 기업의 모습은 어떠한가?
- 이윤이란 무엇인가?
- 활동 방식은 어떠한가?
- 지배 구조(소유 구조/경영 구조: 의사결정+집행)는 무엇인가?

첫째, 기업의 핵심 대내·외 이해관계자와 핵심 이해이다.

기업은 혼자 존재하지 않는다. 기업은 소비자, 노동자, 경영자, 주인(주식회사는 주주), 사회, 다른 이해관계자들과 소통하고 교류하면서 존재한다. 기업이 주요 이해관계자에게 바라는 것은 다음과 같다.

소비자	직원 (노동자)	경영자	주인	사회
부 (경제적 보상)	성과 창출	리더십	헌신	기회 제공

한편 주요 이해관계자가 기업에게 바라는 것은 다음과 같다.

소비자	직원 (노동자)	경영자	주인	사회
좋은 재화	공정한 보상	성취	가치 실현, 지속성	사회적 책임

기업과 주요 이해관계자 간 좋은 관계를 형성하는 원칙은 다음과 같다.

소비자	직원 (노동자)	경영자	주인	사회
신뢰	상생	책임 경영	공동 운명체	인드라망

기업과 소비자는 신뢰 관계를 기반으로 한다. 기업은 소비자에게 경제적 보상을 하며, 소비자는 기업에게 좋은 재화를 얻는다. 기업은 노동자를 통하여 성과를 창출하기를 바라며, 노동자는 기업에게 공정한 보상을 기대한다. 기업은 경영자에게 리더십을 원하며, 경영자는 기업에게 경영자의 비전을 실행하는 곳이 되길 바란다. 기업은 주인의 헌신을 요구하며, 주인은 기업을 통한 가치실현과 지속성을 기대하며, 장기간에 걸쳐 이익 실현을 추구한다. 기업은 사회에 기회를 제공하며 사회는 기업의 사회적 책임을 기대한다.

ISO 26000은 국제표준화기구(ISO)에서 개발한 각 부문의 책임을 정한 국제 표준이다. 여기에는 기업의 사회적 책임(CSR: Corporate Social Responsibility)도 포함되어 있다. 기업이 어떤 존재여야 하는가에 대하여 혁신적인 전환이 필요하다. 도요타 창업주 회장은 1980년대 '시민 기업'이라는 개념을 이야기하면서, 앞으로 살아남는 기업은 시민 기업일 것이라 하였다. 그 시민 기업을 구체화한 것이 ISO 26000이다.

기업과 소비자 간에는 신뢰가 필요하며, 기업과 노동자는 상생하는 관계여야 한다. 또 기업과 경영자는 서로 책임 경영을 해야 하며, 기업과 주주는 공동 운명체를 형성하며, 기업과 사회는 인드라망의 관계가 형성되어야 한다.

둘째, 기업은 어떤 모습일까?

누구나 기업은 어떤 모습일까? 누구나 사람의 모습을 그릴 수 있다.

누구나 그 그림이 사람이라는 것을 알아볼 수 있다. 기업도 모습을 그릴 수 있다.

사람의 모습	기업의 모습

기업은 '이윤'을 창출하기 위해 '마케팅, 생산, 재무, 인사' 활동을 필수적으로 한다. 이 활동이 잘 안 되면, 기업이 건강하지 못하게 된다.

셋째. '이윤'이란 무엇인가?

기업은 이윤(장사하여 남긴 돈)을 추구한다. 기업의 최대 목표를 이익이 아니라, 왜 이윤이라고 했을까? 우선 이익, 수익, 이윤의 의미를 아래와 같이 정의할 수 있다.

구분	정의
수익	수입-인건비 등 직접 경비
(순)이익	수익-세금 등 간접 경비
이윤	이익 중에서 자본가의 사유 재산이 되는 것

주식회사는 네덜란드에서 처음 탄생했다. 유럽에서 금보다 비싼 향신료를 구하기 위해 막대한 돈을 들여 인도 등지로 무역선을 보내면, 돌아오는 데 평균 3년이 걸리고, 30% 이상이 돌아오지 못한다. 투자금 규모도 매우 크고, 투자금을 회수하고 돈을 버는 데 시간이 오래 걸리고 위험도 매우 컸다. 그런데다가 배가 침몰하거나 해적들에게 약탈당하면 투자한 사람은 순식간에 거지가 되었다. 물론 계획대로 배가 짐을 싣고 돌아와준다면 큰 부자가 될 수 있었다. 즉 고위험/고수익 사업인 셈이다. 네덜란드의 투자자들은 위험 부담을 분산시키기 위해 여러 명의 투자자들이 공동으로 투자를 하였는데, 이를 증명하기 위해 증서를 쓰고 비율에 따라 이윤을 나누어 갖는 상거래 방식을 고안하였다. 이러한 방식이 상용화되면서 증서를 사고 파는 증권거래소가 생기게 되었고, 더 나아가 주식과 증권사가 생기게 되면서 주식회사의 모습이 만들어졌다.

산업 시대에 들어오면서 공장 운영도 증권을 이용하게 되었다. 이때 사업을 통해 얻은 이익의 전부가 자본가에게 그대로 돌아가는 것이 아니라 기업에 유보금을 제외한 금액을 자본가(투자자)에게 배당하게 되는데, 이것이 바로 이윤이 되는 것이다.

넷째, 기업의 활동 방식은 어떠한가?

영리 기업, 사회적 기업, 비영리 조직의 활동 방식의 특징을 비교하면 다음과 같다.

구분	영리기업	사회적 기업	비영리조직
목적	사익	공익	공익
위계	수직(권위적)	수직(합리적)	수평(신뢰적)

의사결정	적시 (때를 놓치지 않으려고 함)	적시 (때를 놓치지 않으려고 함)	숙의 (다수의 합의 지향)
보상과 책임	명확	명확(공정하게)	불명확
개념	경영	경영	운영

기업의 활동 방식을 결정짓는 것은 지배 구조이다.

다섯째. 지배 구조란 무엇인가?

지배 구조의 개념은 '누가', '무엇을', '얼마만큼', '어떻게'에 대한 귀속, 결정, 행사(이행)에 관한 권리와 의무에 대한 내용과 틀이다. 소유 구조는 재산(자산과 부채)에 대한 법적/자체적 장치이며, 경영 구조는 사업, 인사, 재정, 조직 변화 등에 대한 법적/자체적 장치이다.

지배 구조에서 가장 중요한 것은 '주인'이다.

국가의 주인은 국민이듯, 기업도 주인이 있다. 회사의 주인은 법, 의식, 권한과 책임을 지는 자로 주식회사에서는 주주들이다. 주인은 소유권, 이익, 의사결정권, 임원이 되는 권리가 있다.

주식회사는 1주당 1표의 의결권을 준다. 반면 협동조합은 1인 1표의 의결권을 갖는다. 그렇다면 주식회사는 왜 1주 1표라는 제도를 선택했을까? 민주주의에서 1인 1표는 위험부담 없이 누구에게나 균등한 권리로 부여된다. 반면 회사가 망하면 위험부담은 더 많이 투자한 사람이 많이 받게 된다. 주식회사는 투자한 비율에 대해 이윤을 배당하고, 손해가 발생하였을 때도 같은 비율로 손실을 부담하게 되므로 1인 1표가 아니라 투자한 비율에 따라 1주 1표를 적용하게 된 것이다. 즉 권리와 리스크를 균등하게 만들기 위한 제도인 것이다.

자본주의 기업의 핵심은 자본과 이윤이다. 그건 사람의 평등보다 중요하지는 않지만 자신의 소유권을 인정받기 위해 신분 제도와 싸워야 했던 상인들의 투쟁의 산물로 얻어진 것이다. 그것이 바로 자본주의 사회이다. 그러므로 자본주의는 상인들이 목숨을 걸고 쟁취한 권리인 셈이다. 당시 초기 자본주의 자본가들이 얻은 소유권은 목숨을 걸고 얻은 것이기에 그만큼 절실한 권리였으며 획득한 권리를 빼앗기려 하지 않았다. 그래서 1주 1표 제도를 지켜간 것이다.

한편 이에 대한 보완 장치가 필요하여 감사라는 장치를 만들기도 했다. 그 대표적인 사례가 소수(소액) 주주의 소송 제도이다. 주인은 '기본 재산 형성', '헌신(양보, 모험, 위험)', '활동(경영, 친목 등)', '재정(노동, 돈)'의 의무가 있다. 기업의 주인은 주주이다. '나는 삼성의 주인인가?'라는 질문에 대해서, 필자는 주주가 아니기 때문에 주인이 아니다. 주인에게는 권한과 책임이 따른다.

주주들은 자신을 해당 기업의 주인이라고 생각해야 한다. 그러나 실제적으로는 주주들이 주인의식을 가지지 못한다. 권한과 책임도 없다. 오늘날 주주들은 기업의 주인이 되기 위해 주식을 사는 것이 아니라 주식을 팔아 이익을 창출하기 위해 주식을 사고판다. 그러므로 큰 회사일수록 주주들이 회사의 주인의식을 갖지 못하고 있다.

주인인가, 투자자일 뿐인가? 투자자는 주인일 수 없다. 진정한 주인은 위험을 무릅쓰고 책임을 지는 사람인 것이다. 주인의 권리는 이익을 나누어 가질 수 있는 권리, 소유권이 있다. 또 기업의 주인은 경영 활동에 참여하고 재정적 기여를 해야 한다.

한편 협동조합의 주인(조합원)은 재정적 기여를 해야 하고 추가로 헌신을 해야 한다. 자본주의 기업은 공평한 제도를 만들어야 하는데, 대다수의 주주들의 문제는 스스로 주인이 아니라 투자자라고 생각하는데 있다. 주인이라고 생각하는 것과 투자자라고 생각하는 것은 기업의 문제이다.

주인은 자율적으로 선택하고 의지를 증명해야 한다. 주식회사는 주주가 주인이 되어야 한다는 민주적인 제도에 의해 만들어졌다. 그러나 주주들이 주인의식을 갖는 대신 투자자 의식을 가지고 있으니 오류가 발생하게 된다. 기업의 건강성은 주인의식을 갖느냐 아니냐에 좌우된다. 회사의 주인으로서 의지의 증명을 위해서는 자본을 회사에 출자해야 한다. 말로 하는 의지가 아니라 자기가 가진 자산을 투자하는 가장 실제적인 방법으로 의지를 증명해야 한다.

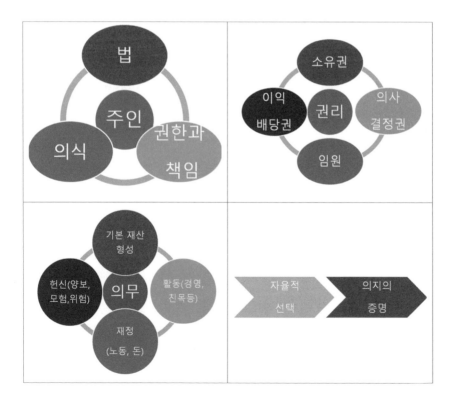

노동관계에 대하여

사회의 중요한 계약들이 있다. '계약'에는 어떤 것들이 있으며, 그 핵심은 무엇인지 살펴보자.

'노동계약'은 노동자와 사용자간의 계약이다. 노동자는 사용자에게 보상과 기회를 바라며, 사용자는 노동자에게 성실한 노동력을 제공받기를 바란다. 이 계약의 핵심은 교환관계라고 본다. '사회계약' 또는 '권력계약'은 국민과 국가 간 권력에 대한 계약으로 위임적인 계약이다. 국민은 국가에게 생명과 재산 보호를 바라며, 국가는 국민에게 권력(행정, 입법, 사법)을 행사할 것을 바란다. 국가계약의 핵심은 위임 관계라는 것이다.

'비즈니스계약'은 사업자와 사업자간 계약이다. 재화의 안정적 공급과 적절한 비용과 지속, 공정한 보상을 기대하며, 계약의 핵심은 거래 관계이다. '재산계약'은 소유자와 비소유자간 계약으로 타당한 보상과 추가 가치 창출을 기대하며, 이전 관계로 본다. 권리가 이전된다고 본다.

구분		노동자
사용자	상호 바라는 것	성실한 노동력 제공
		보상과 기회
	핵심	교환 관계
구분		국민
국가	상호 바라는 것	권력(행정,입법,사법)
		생명과 재산 보호
	핵심	위임 관계
구분		사업자(을)
사업자(갑)	상호 바라는 것	재화의 안정적 공급과 적절한 비용
		지속, 공정한 보상
	핵심	거래 관계
구분		비소유자(을)
소유자(갑)	상호 바라는 것	타당한 보상
		추가 가치 창출
	핵심	이전 관계

노동관계를 이해하는 주요 사항은 다음과 같다.

노동계약의 전제는 무엇인가?
노동계약의 2가지 핵심 원리는 무엇인가?
노동계약의 주체인 '사용자'와 '노동자'의 권리와 의무는 무엇인가?
노동3권은 무엇이고, 그 핵심은 무엇인가?

▶ **노동계약의 전제**

현실적으로 강자인 사용자와 약자인 노동자 사이의 계약이며, 역사적으로는 노동자의 투쟁과 희생의 대가라는 점이다.

구분	내용
현실성	사용자는 (강자), 노동자는 (약자)
역사성	노동자의 (투쟁)과 (희생)의 대가

노동계약에 있어서 노동자는 약자이므로 노동자를 법적으로 보호할 필요가 있다. 그에 따라 근로기준법, 노동관계법 등이 제정되어 있으며 이 법들은 노동자의 이익을 위해 만든 것이다. 제도는 약자를 보호하기 위한 제도여야 한다. 이 권리는 노동자들이 수많은 투쟁을 통해 얻어진 결과이다. 그래서 사회적 약자인 노동자가 사용자와 대등하게 계약할 수 있도록 돕는 것이 노동계약이다.

▶ **노동계약의 2가지 핵심 원리**

노동계약에서 사용자는 강제성의 원리가 적용된다. 그것을 지키지 않으면 처벌의 원리가 적용되며, 사회적 합의로의 원리로 계약을 맺고, 제도성 원리가 관철된다. 한편 노동자는 자율적이며, 개인적 성숙에 많이 의지한다. 윤리성의 원리가 관철된다.

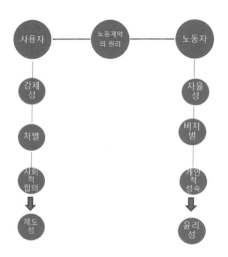

▶ **노동계약의 주체인 '사용자'와 '노동자'의 권리와 의무**

　　사용자는 노동력 사용 여부, 인사권, 지휘·감독·징계의 권리를 갖는다. 반면 노동자는 공정한 보상과 기회, 인격 존중, 안전을 보장받을 권리가 있다. 사용자의 의무로는 공정한 보상과 기회 제공, 노동 차별과 모욕 금지, 충실한 안전 조치 등이 있으며, 노동자 의무는 노동력에 대한 성실한 제공, 인사 수용, 지휘·감독·징계 수용 의무 등이 있다.

구분	사용자	노동자
권리	노동력 사용 여부	공정한 보상과 기회
	인사권	인격 존중
	지휘·감독·징계	안전
의무	공정한 보상과 기회 제공	노동력의 성실한 제공
	차별/모욕 금지	인사 수용
	충실한 안전 조치	지휘·감독·징계 수용

▶ **노동 3권**

　　모든 노동자는 법으로 정한 다음의 세 가지의 중요한 권리를 갖는다.

① 단결권: 노동자들이 모여 노동조합 등의 조직을 만들 수 있는 권리
② 단체교섭권: 다수의 노동자가 공동으로 정당한 요구를 할 권리
③ 단체행동권: 다수의 노동자가 법에 정한 절차에 따라 파업 등
　　　　　　　정당한 투쟁을 할 권리

통수 해고	알바 추노
깊은 잠에 빠져 있는 밤, 문자 한 통이 도착합니다. "○○○ 씨, 회사 사정이 나빠져서 내일부터 나오지 않으셔도 됩니다."	근무 시간 도중 갑자기 사라진 뒤, "지금까지 한 일에 대한 임금을 계좌로 보내달라."는 문자 한 통을 남긴 채 연락두절 되는 아르바이트생

왜 위의 사례와 같은 일이 벌어질까? 이런 문제는 어떻게 바꿀 수 있을까? 미래에 사용자나 노동자가 될 청소년이 노동관계를 구체적으로 아는 것에서 시작해야 한다.

보상에 대하여

보상을 이해하는 주요 사항은 다음과 같다.

보상이란 무엇인가?
'일'에 대한 보상 유형과 효과는 무엇인가?
'일'에 대한 보상의 원천은 무엇인가?
기업에서 보상의 원칙은 무엇인가?
임금이란 무엇인가?
보상의 긍정/부정적 사례와 그 원인은 무엇인가?

보상이란 일에 대한 대가로, 유무형의 실제적 이익이 보상이다.

▶ **보상의 유형과 효과**
보상에는 어떤 것들이 있으며, 그 핵심은 무엇인지 살펴보자
① 개인적 보상: 성취감, 보람, 자존감, 자아 성숙
② 조직(기업적) 보상: 금전, 지위(권한), 기회, 상생의 원리
③ 사회적 보상: 인정, 명성, 존경 리더
④ 제도적 보상: 사회보장제도 생활 인프라, 문화예술 인프라,
　　　　　　　　공공성의 확대

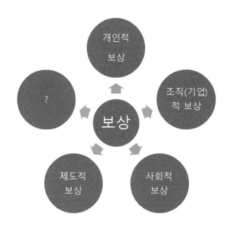

보상의 긍정적, 궁극적 효과는 다음과 같다.

구분	긍정적	궁극적
개인적 보상	성취감, 보람, 자존감,	자아 성숙
조직(기업적) 보상	금전, 지위(권한), 기회	상생의 관계 형성
사회적 보상	인정, 명성, 존경	리더로 성장
제도적 보상	사회보장제도 생활 인프라, 문화예술 인프라	공공성의 확대

　노동자들은 왜 임금에 목을 맬까? 그 이유는 위에서 언급한 제도적 보상이 잘 이루어지지 않기 때문이다. 노동자들에 대한 사회적 보상도 잘 이루어지고 있지 않다. 그러니 기업적 직접 보상에만 집중할 수밖에 없다.

　사회적 보상과 제도적 보상이 잘 이루어지게 하려면 세금을 많이 내야 한다. 노동자들도 기업적 보상에만 집중해서는 안 되며 사회적 보상과 제도적 보상이 이루어지도록 요구하고 노력해야 한다. 이를 위해서는 세금을 올리는 정책이 필요하다.

▶ **보상의 원천**

기업은 사업 활동을 통해 개인과 사회에 필요한 이익을 제공한다. 시장에서는 금전적 가치를 창출하고 공공 영역과 시민사회 영역에서는 사회 공익의 가치를 창출한다. 이에 대한 대가로 영리 영역에서는 사업 수익을, 비영리 영역에서는 비사업 수익을 얻는다. 이익을 얻으려면 재화와 서비스를 제공하는데 투여된 경비보다 그 대가가 많아야 한다. 많으면 이익이 나고, 적으면 손실을 보는 것이다. 수입이 1차적인 배분의 원천이고, 이익이 2차적인 원천이다. 그런데 지속적으로 손실을 보게 되면, 결국 의무적인 배분마저도 못하게 될 수 있다. 따라서 배분의 핵심 원천은 수입이 아니라 이익이다. 이익이 창출되어야 원활히 배분할 수 있다.

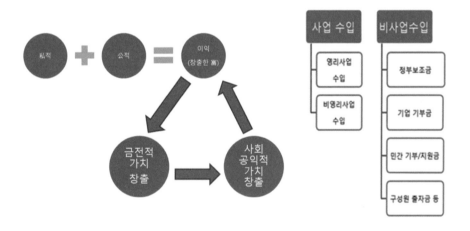

▶ **기업에서 '보상'의 '원칙'**

보상의 원칙에는 동일 노동 동일 임금, 기여 비례, 투여 비용의 보상, 투자적 보상, 생활 안전성 등 다양한 원칙이 있다.

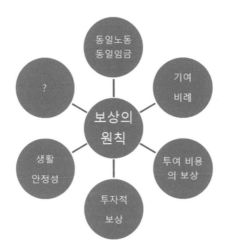

 '동일 임금 동일 노동 원칙'은 같은 노동을 했을 때는 반드시 동일한 임금이 지급되어야 한다는 원칙이다. 이는 매우 중요한 원칙으로 '외국인이라', '청소년이라', '노년이라', '중소기업에 다니니까' 등의 불평등의 논리를 막아내는 마지막 방어선이 되어준다.

 '기여 비례'는 성과에 대해 비례하여 추가 임금을 주는 것이다. '투여 비용의 보상'은 직원이 기업 활동에 필요한 부수적인 일을 하거나 직무 역량을 위해 자기 돈을 사용했을 경우 임금 등으로 보상하는 것이다. '투자적 보상'은 회사가 필요(주로 인재 육성)로 하여 직원에게 양질의 교육 훈련의 기회 등을 주는 것이다. '생활 안정성'은 직원마다 가정 상황, 출퇴근 등 다양한 상황이 있는데, 이를 고려하여 추가적인 임금을 주는 것이다.

▶ **임금이란 무엇인가**

 임금은 노동자가 노동의 대가로서 사용자로부터 받는 재화를 화폐액으로 나타낸 보수이다. 임금은 크게 최저임금, 생활임금, 적정임금으로 구분할 수 있다.

최저임금은 인간다운 삶을 사는 데 꼭 필요한 최소 수준으로 임금, 물가, 주거, 교육, 문화 등 기본적인 생활비를 고려하여 산출한다. 일반적으로 임금은 최저임금보다 높게 책정되며 이는 '최저임금법'으로 강제한다.

생활임금은 최저임금과는 별도로 인간적인 생활을 유지하는 데 필요한 임금의 수준을 의미한다. 서울시에서는 2020년 기준, 생활임금으로 219만 원(월급)과 10,523원(시급)을 정해 발표하였다.

적정한 임금이 얼마인지 많은 논쟁이 벌어지지만 합의를 이루기는 쉽지 않다. 그래서 임금은 노동자가 '만족'하는 것이 아니라 '납득'할 수 준이어야 한다.

▶ **보상의 긍정/부정적 사례와 원인**

보상의 긍정적인 사례로는 적정한 기본 보상, 공정한 기여 보상, 복지 증진, 자기개발 지원, 직원 주식 분배 등을 들 수 있다.

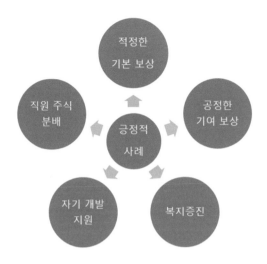

보상의 부정적 사례로는 부정적 기본 보상(열정페이, 저임금), 불공
정한 보상 격차/ 임금 격차, 과도한 주주배당 등을 들 수 있다.

긍정과 부정적 사례를 통해 다음과 같은 공통적인 질문을 던질 수
있다. 이러한 긍정적, 부정적 상황을 만드는 여건은 무엇인가? 오너의 선
의인가, 부도덕인가? 노동자에 대한 감시와 견제인가, 무관심인가? 법

률/정책 등 제도적 강제인가, 허술함인가? 네 가지 모두일 것이다.

　부적절한 기본 보상은 임금으로 살아가는 사람들의 생활 고통과 사회적 부담을 가중시킨다. 소유자 또는 경영진과 노동자의 보상 격차, 대기업과 중소기업의 임금 격차는 경제 활동 영역의 활력과 협동을 위축시킨다. '열정페이'는 결코 미덕이 아니다. 분명한 노동착취다. 노동시장에서 자리 잡지 못한 청소년을 '기회'라는 미끼로 낚아채는 것이다. 열정페이가 계속 증가하고 있다는 것은 청소년의 노동권리가 더욱 불안해지고 있다는 의미이다.

'열정페이' 청년 근로자 비중
(단위:%, 전체 청년(15~29세) 임금근로자 중 최저임금 미달 비중)

17.0

15.9

14.2　14.4

12.3

자료:현대경제연구원

2011년　2012　2013　2014　2015

　"최고경영자(CEO)의 보수가 일반 직원의 20배를 넘지 않도록 하자"
　이 말은 좌파 경제학자나 급진 노동단체의 주장이 아니다. 현대 자본주의 경영학의 아버지로 불리는 피터 드러커가 1986년에 펴낸 『프런티어의 조건』에서 주장한 것이다. 그는 '최고 경영진에게 지나치게 집중된 보상 체계는 팀워크를 해치고 상호 신뢰를 떨어뜨려 회사의 잠재력을 갉아먹는다'라고 하였다.
　태국의 쫄랄롱꼰대와 미국 하버드대의 공동 연구에 따르면, 사람들은 경영진과 노동자의 적정한 보상 격차에 대해 덴마크인은 3.7배, 일본인은 10배, 미국인은 30배, 한국인은 40배 정도라고 생각했다. 그런데 실제로는 미국이 354배로 최고로 격차가 컸고, 조사한 모든 나라가 사람들이 생각하는 것보다 격차가 컸다.

　우리나라는 어떠한가? 한 조사에 의하면 우리나라의 직원들이 짐작하는 경영진과 노동자의 보상 격차는 41.7배, 공정하다고 생각하는 최대치는 11배였다. 그러나 실제 경영자와 일반 노동자와의 임금 격차는 최고 70배이며, 평균적으로 13.9배라고 한다.

　우리나라는 대기업과 중소기업 노동자 간, 남성과 여성 간, 정규직과 비정규직 간 임금 격차가 크다. 이러하다 보니 임금 격차가 없고 고용이 보장되는 공무원으로 집중되는 현상이 심화되고 있다. 사법고시가 폐지되면서 없어진 고시 폐인을 공시 폐인들이 대체하고 있다.

　정규직보다 비정규직의 임금 단가가 높은 나라나 기업도 있다. 이유는 정규직은 고용 안정이라는 보상이 있지만 비정규직은 그러하지 않고, 비정규직이 정규직의 일자리 유지에 기여하기에 당연하다는 것이다.

직무 리더십에 대하여

　직무 리더십을 이해하는 주요 사항은 다음과 같다.

직무란 무엇인가?
직무 유형은 어떠한가?
직무별 리더십은 무엇인가?
리더십이 발휘되는 조건은 무엇인가?
기업가 리더십은 무엇인가?

▶ **직무란?**

『인적자원관리용어사전』(지은실, 2009, 한국학술정보)에서는 직무를 '업무의 종류와 수준이 비슷한 직위들의 집합(Job)'이라고 정의하고 있다. 직업인은 자신의 정체성을 크게 '직원, 기업가, 활동가, 프리랜서'로 정의한다. 이에 따라 집중하는 성취의 종류가 다르다.

구분	집중점
직원	과업
기업가	비전
프리랜서	자아실현
활동가	사명

▶ **직무의 유형**

GE(General Electric Co)는 직무 유형과 역할을 아래와 같이 구분하고 있다.

구분		역할
임원	사업총괄 관리자	기업 전체의 핵심 과업 수행
	사업총괄 관리자	기업 부문의 핵심 과업 수행
간부	임원 후보	부문별 부서의 핵심 과업 수행
	중간 관리자	부서 내 팀의 핵심 과업 수행
	신임 관리자	팀 내 직무별 과업 수행
사원	입사 3년 차 이하	직무 내 담당 과업 수행

더불어 바로 아래의 리더들을 육성하는 것도 필수 역할이다.

▶ **직무별 리더십**

리더는 지위가 아니다.

리더십은 공동의 목적을 달성하기 위하여 한 사람이 다른 사람의 지지와 도움을 얻는 사회적 영향의 과정으로, 조직의 목적을 달성하기 위해 구성원을 일정한 방향으로 이끌어 성과를 창출하는 능력이다. 지위가 일하는 사람들의 위계를 나눈다. 스스로를 관리할 수 있는 능력은 리더십의 시작이 된다.

기업에서는 각 직무 그룹별로 리더가 있어야 하며 직무별로 필요한 리더십이 있다. 이때 지위 리더십보다 중요한 것이 직무 리더십이다. 직무 리더십이 지위 리더십보다 더욱 '자율성'이 실현되어야 하기 때문이다.

짐 콜린스는『좋은 기업을 넘어 위대한 기업으로』(김영사, 2002)'에서 아래와 같이 직무 리더십에 대해 정확히 밝히고 있다.

단계	특징
5단계	개인적 겸양과 직업적 의지를 융합하여 지속적인 큰 성과 창출
4단계	분명한 비전, 높은 책임의식, 정력적인 추구, 진취적인 성취에 대한 동기부여
3단계	목표 달성을 위해 최대의 개인 능력 투여, 다른 집단과 효율적인 협업
2단계	목표 달성을 위해 최대의 개인 능력 투여, 자기가 속한 집단 내 다른 사람들과 효율적인 협업
1단계	재능, 지식, 기술, 좋은 태도와 자세로 생산적인 기여

기업 종사자들은 자신의 직무에 따라 역할, 권한, 책임이 정해지면, 이에 근거해 의사결정, 기획, 수행, 지원 활동에서 리더십을 발휘한다. 좋은 리더십을 발휘하기 위해서는 '비전, 신뢰, 지지'라는 세 가지 조건

이 요구된다.

    ＊ 비전: 조직이 가야 할 방향을 정확하게 제시하여야 한다.

    ＊ 신뢰: 조직 구성원으로부터 인간적인 신뢰를 얻을 수 있어야 한다.

    ＊ 지지: 구성원의 열성과 행동의 전폭적인 지지를 얻을 수 있어야 한다.

▶ 기업가 리더십

기업가 리더십을 이해하는 주요 사항은 다음과 같다.

- 기업가란 무엇이고, 핵심은 무엇인가?
- 기업가 정신이란 무엇이고, 핵심은 무엇인가?
- 기업가 정신의 원천은 무엇인가?
- 사회적 기업가란 무엇인가?

기업가란?

기업가의 사전적 의미로는 첫째, 일반적으로 생각하는 기업 경영자를 뜻하는 기업가(企業家), 둘째, 새로운 가치나 일자리를 창출하는 사람이라는 뜻의 기업가(起業家)가 있다.

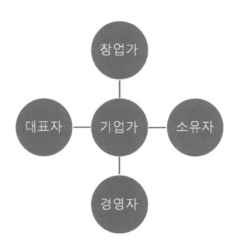

여기서는 첫 번째 정의 즉, 기업을 경영하는 기업가의 의미를 중심으로 논의를 전개하고자 한다. 기업가는 현실에서는 기업가의 특성과 상태에 따라 창업가, 소유자(오너), 경영자, 대표자로 불린다.

구분	내용
창업가	기업 설립 초기의 기업가를 칭함
소유자(오너)	기업을 실질적으로 지배하고 있음
경영자	기업 지배 여부와 상관없이 실질적으로 경영에 관한 실질적인 권한과 책임을 가짐 오너 경영자와 전문 경영자로 구분함
대표자	기업 지배, 경영 여부와 상관없이 법률적으로 기업을 대표함 등기부와 사업자등록증 등에 표기됨

기업가에 대한 정의는 시대를 거치면서 아래와 같이 변화하였다.

고전적·전통적 정의	현대적 정의
소유 경영자(또는 자수성가형) 사업 추진자(자영업자)	새로운 상품 개발 새로운 생산 방식 도입 새로운 시장 개척 기술 혁신의 기회를 발견하고 실천

기업가 정신이란?

기업가 리더십의 원천은 기업가 정신이다.

스마트폰을 처음 만든 기업은 노키아이고, 개인용 PC를 처음 만든 기업은 제록스(연구소)이다. 현재 스마트폰 업체로 유명한 애플이 아니다. 왜 노키아와 제록스는 현대 사회와 현대인의 생활을 바꿔놓은 위대한 제품들을 개발하고도 세상에 내놓지 않았을까? 그 이유는 노키아는 상품으로만, 제록스는 기술로만 보았기 때문이다.

애플의 스티브잡스는 뛰어난 엔지니어이면서, 동시에 탁월한 인문주의자이다. 그는 이렇게 말했다.

"다양한 인생 경험을 갖고 있는 사람이 별로 없다. 인간 경험에 대한 광범위한 이해를 갖고 있을수록, 더 훌륭한 디자인이 나올 것이다."

애플 제품의 탁월함은 기술보다 아름다움인 것이다.

한편 트위터를 개발한 이유를 잭 도시는 '권력으로부터 통제받지 않는 언론, 자유로운 사람들의 자유로운 소통'이라고 하였다. 트위터는 실제로 아랍의 민주화 운동을 촉발하고 확신시킨 '아랍의 봄(2010년)', 금융자본주의의 개혁 운동인 '월스트리트를 점령하라(2011년)', 서울 시장 보궐 선거 운동(2011년) 등 사회·정치 변화에 큰 역할을 하였다.

피터 드래커는 '비전, 목표, 헌신'을 기업가 정신의 핵심이라고 하였다. 그런가 하면 조지프 슘페터는 '창업의 과정을 이용하여 자원의 새로운 결합과 새로운 사업 방법으로 현상 유지를 흐트러뜨리는 혁신'이라고 하였다. 전 세계 사회적 기업가들의 롤 모델이 되는 인물인 빌 드레이튼은 '좋은 일을 하며 돈을 벌겠다는 것과, 사회 문제를 해결하겠다는 혁신적 정신은 차원이 다른 얘기다. 사회적 기업가는 변화를 창조하는 사람이다. 기존의 시스템, 방식, 유형, 나아가 문화를 변화시키는 체인지메이커다'라고 하였다. 즉, '세상을 바꾸려는 사명'이 핵심이라는 것이다.

기업가 정신의 원천은?

기업가 정신의 원천을 개인, 조직, 융합적 측면에서 살펴보면 아래와 같다.

개인 차원	개인적 특질(traits)이나 자질(qualities)	개인적 동기와 주도성
조직 차원	집합적 공동체 구성원의 참여에 의해 조직 차원에서 발현	집합적 지혜
융합적 차원	개인+공동체+사회+시대	사회적 미션

리더십은 타고난 것인가, 길러질 수 있는 것인가? 리더십이 영웅전이나 위인 신화와 겹쳐지면서, 리더십도 신화가 되었다. 필자는 리더십의 원천은 누구에게나 있으며, 실현되는 리더십의 차이는 있지만 길러질 수 있는 것이라고 본다.

리더십을 체득하는 좋은 방법은 좋은 일, 좋은 사람, 좋은 조직을 경험하면서, 배우고 실천하고, 성찰하는 것이다. 좋은 성찰의 바탕은 사람과 변화, 행복, 삶을 꿈꾸는 것이다. 꿈이 멈추면 성찰은 나침판을 잃는다.

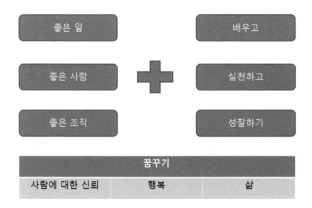

사이먼 사이넥은 『나는 이 일을 왜 하고 있는가?』(타임비즈, 2013)에서 성공하는 리더십의 중요한 질문을 'WHY, HOW, WHAT'라고 하면서, '골든 서클'이라는 멋진 이름을 지었다. 그런데 필자는 여기에 가장 핵심적인 질문이 빠졌다고 본다. 'WHO?'이다. 'WHY, HOW, WHAT'라는 질문은 누가 하는 것인가? 주어가 없는 질문은 허공에 떠돌게 된다. ' 'WHO?'라는 질문을 스스로에게 하고, 그 대분에 '나'라고 대답하는 사람이 바로 리더이다.

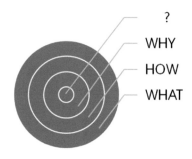

사회적 기업가란?

사회적 기업가는 일반 기업가와는 달리 이윤을 창출하는 것에 그치지 않고 시장 실패에 새로운 기회를 제공하고, 공익을 위한 사회적 가치를 창출(미션)하며, 사회적 자원 동원 등 비화폐적 보상을 통해 사회적 영향력을 높이는 기업가이다.

구분	영리 기업가	사회적 기업가
시장 실패	곤란한 사업 환경	새로운 기회
미션	이윤 극대화	공익을 위한 사회적 가치 창출
자원 동원	자산 처분, 인위적 인력 조정, 부채, 투자 유치	사회적 자원
보상	화폐적 보상	비화폐적 보상
성과 측정	재무적 성과	사회적 영향력

조직 문화

조직 문화를 이해하는 주요 사항은 다음과 같다.

조직 문화의 개념은 무엇이고, 핵심은 무엇인가?
조직 문화는 어떻게 형성되는가?
조직 문화의 유형은 무엇이고, 그 중요성은 무엇인가?
조직 문화에 대한 구성원의 태도는 무엇인가?
조직 문화를 혁신하려면?

▶ 조직 문화의 개념과 핵심

조직 문화는 일관성, 지속성, 다수성이 있는 집단의 핵심 가치, 사고 방식, 태도, 행동 등이다. 어떤 조직이든 문화는 있다. 그러나 대다수 조직은 문화가 어떠한지 알기 어렵다. 모호하고 어수선하고 알 수 없는 것이 문화이다.

우리나라 기업의 핵심 문제 중 하나로 나쁜 조직 문화가 지적된다. 실제로 직장에서의 직업 활동을 무서워하거나 싫어하는 사람들이 많다. 취업했던 청소년이 퇴사하고 나서 니트나 외톨이가 되는 주요 원인 중의 하나다. 우리나라 기업의 조직 문화는 결코 좋은 상태가 아니다. 불행한 역사에서 기인한 잘못들이 뿌리 깊게 박혀있기 때문이다. 대표적으로 권위, 체면, 서열, 조직 이기주의, 비민주, 차별, 일중독, 단기 성과, 비효율적 절차와 형식, 연공서열 등을 들 수 있다.

▶ 조직 문화의 형성

조직 문화는 보통 아래와 같은 순환으로 형성된다.

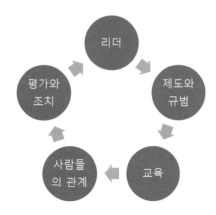

이러한 프로세스가 잘 작동해야 좋은 문화가 형성되는 것이다. 조직 내에서 이것이 불완전하거나 왜곡되면 좋지 않은 조직 문화가 형성된다.

중요한 건 조직 문화에 따라 조직에 속한 사람들이 달라지는 것이다. 좋은 조직에서는 사람들의 얼굴이 밝다. 반면 그렇지 않은 조직에서는 사람들의 얼굴이 어둡다. 구성원들의 얼굴만 보아도 알 수 있다.

▶ **조직 문화의 유형과 중요성**

조직 문화는 크게 위계형, 시장형, 유기체형, 공동체형으로 구분할 수 있다. 우리가 추구하는 건 주로 공동체형 문화와 유기체형 문화이다.

조직 문화는 직원이 지속해서 근무할 것인가 아니면 조기에 퇴사할 것인가를 결정하는 주된 요인 중 하나다. 퇴사에 대한 기업과 직원의 생각은 극명하게 다르다. 직원은 '팀원이나 동료와의 관계가 좋지 않아서'가 12.9%, '조직 문화가 맞지 않아서'가 19.6%이다. 반면 기업, 즉 오너와 경영진이 직원들의 퇴사 이유로 짐작하는 요인은 '책임감, 인내심이 없어서'가 23.3%, '연봉이 적어서'가 16.3%이다. 기업의 생각이 여전히 완고함을 알 수 있다.

다행스러운 것은 변화의 희망이 보인다는 사실이다. 기업의 패러다임이 바뀌고 있다. 무엇보다 일하는 사람들이 직업 활동의 욕구가 양에서 질로 바뀌고 있다. 이제는 기업도 집단주의에서 개인을 존중하려고 노력하기 시작했다. 기업이 직원을 '이윤 극대화'의 수단으로 사용하는 것이 아니라, 기업의 운명과 직원의 행복을 함께 추구하는 방향으로 조금씩 변하고 있다.

▶ **조직 구성원의 태도**

조직 문화는 리더가 정하고 해오던 관행이나 관습이 견고하니, 사람들은 객체일 뿐인가? 조직 문화에 대한 사람들의 생각은 수용, 거부, 혁신의 세 가지 태도가 혼재되어 있다. 조직 문화라는 것이 알고 보면 사람이 만든 것이기에 '사람'만이 변화시킬 수 있다. 바로 사람의 태도가 중요한 것이다.

수용에는 자발적 수용과 순응적 수용이 있다. 만약 수용할 수 없으면 거부하는 방법이 있다. 거부의 극단이 퇴사이며, 소극적 거부는 자신은 그 문화에 동조하지 않는 것이다. 혁신의 작은 방법은 항의하는 것이고 큰 방법은 직접 나서서 혁신하는 것이다.

사람들이 가장 잘 하는 게 수용이고, 가장 못하는 게 혁신이다. 수용은 개인이 하는 것인데 비해 혁신은 함께 해야 하기 때문이다. 혁신의 시작은 소통이다. 소통이 어렵기 때문에 혁신도 어려운 것이다. 소통의 영역은 업무적 소통, 정서적 소통, 창의적 소통, 무언의 소통이 있다.

직업진로교육에서, 실제의 '직업 세계'를 이해하는 콘텐츠와 교육 방법이 가장 빈약하다. '일 경험'이 가장 효과적인 방법이지만, 준비 없이 일 경험을 하게 되면, 청소년이 충격을 받아 직장에서의 직업 활동에 대해 두려움과 부정적 인식을 갖게 되는 경우가 낳다. 직업 세계를 이해하는 좋은 교육 방법으로, 직업 세계의 상황을 간접적으로 체험하게 하는 연극, 뮤지컬, 영상 같은 문화 활동을 활용할 수 있다. 일 경험 프로그램을 수행하기 전과 수행 중, 그리고 수행한 이후에 맞추어 준비하고 관찰과 질문, 성찰의 문화 프로그램이 진행되기를 바란다.

업무적 소통은 명확한 업무 지시 및 보고, 폭넓은 정보 제공을 통해 업무 성과를 창출하고, 정서적 소통은 '친밀한 인간관계, 상호 이해와 공감'을 넓이는 말, 행동, 모임 등을 통해 공동체성을 향상하고,

창의적 소통은 자유로운 아이디어 제안, 진취적인 비전 제시,

적극적인 협업의 증진을 통해 높은 성과를 창출하고, 무언의 소통은 배려의 손동작, 자세, 표정, 어투 등 비언어적 메시지를 통해 신뢰감을 향상한다

4장

자립 프로그램

자립 프로그램

사회적 기업 사람마중은 2000년부터 수급자 등 사회적 취약 계층의 경제적 자립을 지원하는 활동을 수행해 오면서, 자립지원 사업에 대한 철학 정립, 풍부한 경험과 노하우를 가지고 있다. 2013년부터 어려운 상황에 처해있는 성인 이행기 청(소)년의 자립지원을 핵심 사명으로 활동하고 있다.

분야	사 업 명	사업년도	사업내용
청소년/ 양육 시설	양육시설 청소년 자립지원 사업	2016. 2. ~2018. 12.	경기도 의정부 소재 양육시설 청소년 자립 프로그램 지원(직업진로/ 돈 관리 역량 혁신 프로그램/ 자조 공동체 한하우스 프로그램)
		2017. 5.~	서울시 은평구 소재 양육시설 청소년 자립 프로그램 지원(직업진로/ 돈 관리/ 관계/ 자율주거 생활)
청소년/ 학교 밖	사회적 경제 아카데미	2016	대안학교 청소년들에게 직업진로 및 사회적 경제 교육 프로그램 지원
	푸드바이크 프로젝트	2016. 12. ~2017. 4.	경기도 고양시 소재 대안학교 청소년들에게 과업형 프로젝트 교육 실시, 진로 설정 교육/ 푸드바이크 제작하여 경기도 푸드바이크 공모전 참여 및 입선
청소년/ 범죄 경력	보호관찰 청소년 자립지원 FUN- FUN 프로그램	2016	서울서부준법지원센터에서 의뢰한 청소년에게 푸드트럭 체험, 진로 특강 지원

청소년/ 학교 밖	일 경험 (푸드트럭) 프로젝트	2017~ 2019	(사)내길찾기가 운영하는 강북늘푸른교육 센터 여자 청소년들 참여 '교육-인프라-영업지 입점-영업' 등 종 합 지원 2019년 초 푸트트럭 기부	
청년	청년 문화 활동 지원	2015	청년들의 활력과 자립 동기부여 를 위해	연극/ 뮤지컬/ 영화 프로 그램 지원
		2016		뮤지컬 프로그램 지원
		2017		연극/ 춤/ 사진 프로그램 지원
	청년 및 수급자 자립을 위한 푸드트럭 지원사업	2016. 4. ~2019	청년 및 수급자에게 푸드트럭 저가 임대, 영업지 발굴 및 연계, 디자인·메뉴 개발, 경영 컨설팅 등 종합지원. 푸드트럭 토론 회 개최. 푸드트럭 지원센터 설립	
	소아암 경력 청년 자립지원사업	2019. 8. ~2020. 2.	청년자립지원센터 브리지 사회적 협동조합 을 지원하여 소아암 환치 청년들의 자립을 위해 '일 경험-업무 역량 교육-집단 프로 그램-자조모임-인턴십' 프로그램 수행	

성인 이행기 청(소)년의 자립을 이루는 데 기존의 프로그램이 효과적이지 않음을 알게 되었다. 기존 자립지원 프로그램에서 취약한 4가지 핵심 역량을 확인하여 혁신적인 프로그램을 개발하였다. 개발한 프로그램을 2016년부터 대안학교 등 학교 밖 청소년, 양육시설 청소년 등에게 제공해왔다.

4대 핵심 자립 역량 프로그램의 개요

각 자립 역량의 정의는 다음과 같다.

재무 역량: 돈(용돈, 부소득, 주소득)에 대해 좋은 마인드 정립·습관·목표·관리 능력을 키우고 발전시키는 역량이다.

관계 역량: 유대감이 있는 사회관계를 '탐색, 형, 유지, 향유'를 이루고 발전시키는 역량이다.

주거 생활 역량: 주거공간에서 일상생활의 '쾌적함, 즐거움, 유대감'을 이루고 발전하는 역량이다.

직업진로 역량: 삶의 가치관과 생계의 조화를 이루기 위해, 직업 및 직무의 '마인드, 기능, 수행 관계 능력'을 이루고 발전시키는 역량이다.

이 프로그램의 목적은 청소년이 독립생활과 경제적 자립을 이루는데 필요한 역량을 키우는 것이다. 프로그램의 큰 목표는 다음과 같다.

- 자신의 삶을 행복하게 꾸려갈 가치와 방향을 정립한다.
- 개인의 돈(용돈과 소득) 관리 역량을 체득한다.
- 사회적 유대 관계를 형성하고 함께하는 역량을 체득한다.
- 자신에게 맞고 바람직한 직업진로 마인드·태도와 자세를 체득한다.
- 주거 공간에서 일상생활을 잘 꾸려가는 역량을 체득한다.

프로그램을 설계하는 원칙은 다음과 같다.

- 참여하는 청소년과 청년의 특성에 맞게 한다.
- 아동양육시설 등 취약 청(소)년 기관의 자립 프로세스에 맞게 한다.
- 아동양육시설 등 취약 청(소)년 기관에서 직접 수행하기 어려운 분야에 집중한다.
- 사회의 다양한 혁신가들이 이룬 성취를 적극 수용하고, 더욱 활성화와 촉진한다.

이 프로그램을 수행하는 원칙은 다음과 같다.

- 청소년의 욕구에 부응하는 다양성과 '재미, 성취, 실제적 이익'을 제공한다.

- 청소년의 자발성에 부응하는 자기 주도성과 동기를 부여한다.
- 청소년의 자기 성찰에 부응하는 실제적인 경험(사람, 모임, 체험)을 제공한다.
- 청소년의 인격, 프라이버시, 정체성을 존중한다.
- 대안적인 개인 및 사회관계성을 모색하고 성찰한다.

이 프로그램의 수행 방법은 다음과 같다.

- 청소년의 자율과 선택을 통해 참여한다.
- 청(소)년 기관과 사람마중(및 협업 기관)이 긴밀하게 소통하고 협력한다.
- 뜻을 함께하는 분야별 전문 기관들과 긴밀하게 소통하고 협력한다.

핵심 역량별 수행 단계와 내용은 다음과 같다.

구분	단계	내용
재무	용돈	성취 목표 세우기, 사용 역량 키우기 (계획성, 합리성, 인내성, 가치성), 성취 즐기기
	용돈+부소득	용돈 역량 심화, 주 소득의 기초 역량 익히기
	주 소득	소득의 목표, 창출 전략, 계획 수립, 실행, 관리하기
관계	모임 알기	모임 에티켓 배우기
	모임 즐기기	좋은 모임을 탐색, 참여하여 즐기기
	모임 초대하기	좋은 모임을 기획, 준비, 초대하여 함께 즐기기
주거 생활	배우기	마인드, 태도, 자세 알기, 생활 분야별 역량 키우기
	체험하기	다른 사람과 함께 사는 법 알기, 스스로 생활 역량 체득하기
	살기	함께/혼자 살기, 스스로 잘 살기
직업 진로	인지	직업진로 설정의 욕구와 필요성을 느끼고 방향 설정

직업진로	탐색	욕구와 필요에 부합하는 직업과 직무가 무엇인지를 텍스트와 사람을 통해 찾음
	간접 체험	직업과 직무에 부합하는 직업 현장을 방문하여 보고 듣고 대화하고 간단한 실습
	직무 역량	직업과 직무에 대한 기능 역량이 무엇인지 파악하여 기능 교육을 향유
	직접 체험	직업과 직무에 부합하는 직업 현장에서, '단/중/장기'의 '무급/유급'의 실제적인 직무 체득 활동 및 근로 활동
	실행/성찰	지속적인 근로 활동하기, 직업과 직무에 부합하는 '마인드/ 태도와 자세/관계 원칙'을 정립하기, 직업 경력을 발전적으로 축적

핵심 역량 프로그램별 목표는 다음과 같다.

▶ **재무 역량**

돈에 대한 좋은 관점을 정립하고, 돈을 잘 다루는 역량을 키운다.

1. **돈에 대한 좋은 관점**

   1) 돈은 자신 또는 누군가의 '노동=수고'의 결과임을 안다.

   2) 돈을 어떻게 사용하느냐에 따라 자신에게 이익이 될 수도 있고, 해가 될 수도 있음을 안다.

   3) 돈은 '나'에 것이며, 동시의 '우리'의 것임을 안다.

   4) 돈은 자신이 하고 싶은 것을 가능하게 하는 폭을 넓혀줄 수 있음을 안다.

2. **돈을 잘 다루는 역량**

   1) 돈을 사용하기 전에 계획을 세우고, 계획대로 사용하는 역량을 키운다.

2) 돈 사용의 효과성을 높이는 합리적인 방향, 비교, 선택, 실행의 역량을 키운다.

3) 피치 못할 상황 또는 목표를 위해 소비를 최소화하고 소비 충동을 견뎌내는 인내 역량을 키운다.

4) 돈을 자신의 발전과 우리를 위해 사용하여 가치(의미)를 더 크게 하는 역량을 키운다.

▶ **관계 역량**

모임에 대한 좋은 관점을 정립하고, 모임을 잘 하는 역량을 키운다.

1. 모임에 대한 좋은 관점

1) 모임은 사람 간의 관계임을 안다.

2) 모임은 사람들이 서로를 조금씩 열고 받아들이는 것임을 안다.

3) 모임은 나와 다른 사람들이 함께 성숙해가는 것임을 안다.

2. 모임을 잘 하는 역량

1) 자신을 잘 드러내어 여는 역량을 키운다.

2) 다른 사람들을 잘 받아들이는 역량을 키운다.

3) 모임을 잘 즐기는 역량을 키운다.

4) 자신과 사람들이 함께 모임을 만들고 운영하는 역량을 키운다.

▶ **주거 생활 역량**

주거 생활에 대한 좋은 관점을 정립하고, 주거 생활을 잘 하는 역량을 키운다.

1. 주거 생활에 대한 좋은 관점

1) 주거 공간은 나의 공간이면서, 또한 다른 사람들에게 열린 공

간임을 안다.

2) 좋은 주거 공간은 나에게 좋은 영향을 주는 것을 안다.

3) 주거 공간은 '머묾'과 '떠남'의 공간임을 안다.

4) 공동체 주택이 좋은 대안이 될 수 있음을 안다.

2. 주거 생활을 잘 하는 역량

1) 자신의 취향을 알고, 자신에게 맞는 주거 공간을 디자인하고 꾸미는 역량을 키운다.

2) 자신의 생활 리듬을 좋게 하는, 해야 할 것과 하지 말아야 할 것을 잘 선택하는 역량을 키운다.

3) 쾌적한 주거 생활을 유지하는 데 필수적인 청소, 빨래, 정리정돈, 위생 관리, 요리를 잘 하는 역량을 키운다.

4) 주거 생활에 필요한 기구들을 잘 선택하고, 잘 사용하는 역량을 키운다.

5) 공동체 주택에서 생활하는 데 필수적인 '각자의 생활'과 '함께 생활'의 균형과 조화를 이루는 역량을 키운다.

▶ **직업진로 역량**

직업진로에 대한 좋은 관점을 정립하고, 직업진로를 잘 찾아가는 역량을 키운다.

1. 직업진로에 대한 좋은 관점

1) 직업은 생계를 포함하여 행복하게 사는 데 목적이 있음을 안다.

2) 직업을 선택하는 데 있어, 자신의 가치에 맞는 원칙을 찾아야 함을 한다.

3) 자신의 삶과 조화를 이룰 직업은 한 번이 아니라 많은 직업 경험을 겪으면서 결정하는 것임을 안다.

2. 직업진로를 잘 찾아가는 역량

1) 자신이 행복의 기준을 잘 정립하는 역량을 키운다.

2) 자신의 삶에 대한 가치관을 잘 정립하는 역량을 키운다.

3) 직업을 선택하는 자신의 기준을 정립하는 역량을 키운다.

4) 자신의 직업 로드맵을 잘 설정하는 역량을 키운다.

프로그램 개발과 테스트 사업을 함께한 곳들은 다음과 같다. 이러한 협업이 없었다면, 혁신적인 프로그램을 결코 만들지 못했을 것이다. 진심으로 감사드린다.

구분	프로그램		수행기관
재무	용돈		에듀머니
	소득		
관계	모임		집밥
			청춘여가연구소
주거	공유주거 체험		만인의꿈
	가사		한국가사노동자협회
	식생활		푸드포체인지
직업진로	진로 3년 과정		비전트리
	직업 탐색	직업인 특강	달꿈
	일 체험	교육+일	OTB크리에이티브

가. 직업진로 역량 프로그램

1. '온–오프라인 융합 일 경험 프로그램'

- 배경 및 필요성
  ○ 직업 탐색의 방법으로 다양한 '일 경험' 프로그램이 활발하게 진행되고 있음
  ○ '일 경험' 프로그램이 체계화되지 않아, 효과성이 낮음

○ '일 경험'의 미스매칭되는 경우가 많아 세 주체인 '청소년-중개
자(청소년유관기관 등)-제공자(기업 등)'의 만족도가 낮고, 원
활한 운영에 어려움을 겪고 있음

○ 기존 '일 경험' 프로그램의 매칭 방식이 오프라인 방식이어서 청
소년의 다양한 욕구에 부응하지 못하고, 많은 비용이 발생함

○ 이러한 문제점들을 해결할 수 있는 새로운 방식이 필요함

- **목적**
  ○ 청소년의 발달 단계와 특성에 맞는 일 경험을 통해 직업탐색의
  효과성 증대
  ○ 미스매칭 최소화, 세 주체의 유익성 증대, 비용 절감 실현

- **세부 내용**
  ○ 대상: 직업 탐색이 필요한 청소년
  ○ 제공 방법: 온-오프라인 융합

- **프로그램 진행 프로세스 주요 내용**

구분	단계		방법
사정	직업 적성 검사		온라인 검사
	직업 마인드 발전 단계 검사	Before	온라인 검사
	일 경험 준비 정도 검사		온라인 검사
	참여 목적/ 기간 파악		온라인 체크/ 확인
	↓		
	청소년의 일 경험 유형 확인		온라인 코칭
	일 경험 지원 계획 수립		온라인 코칭

↓

수행	일 경험 연계 (청소년↔제공자)		온라인 연계 (자유선택형/ 추천선택형)
	↓		
	일 경험 참여		약정 체결, 온라인 또는 대면
	일 경험 활동 지원		온라인 코칭

↓

향상	평가	직업 마인드 발전 단계 검사	After 1년 주기로 검사	온라인 검사
		일 경험 준비 정도 검사		
	다음 단계 일 경험 지원 계획 수립/수행			온라인 또는 오프라인

■ 청소년의 일 경험 역량 유형 파악 방안

○ 직업 마인드 발전 단계의 정의와 예시

단계	정의	예시
호기심	연관성이 없는 다양한 분야에 일시적인 호감	연관성이 없는 직업들을 나열함. '연예인', '선생님', '사회복지사' 가 되고 싶어요
⇓		
관심	연관성이 있는 분야에 일정 기간 지속되는 호감과 접촉	어려운 사람들을 돕고 싶어요→ 장애가 있는 사람을 돕고 싶어요
⇓		
지향	가치관에 연관된 분야에 지속적인 호감과 낮은 수준의 활동	사회복지사가 되고 싶어요→장애인에게 직접적인 서비스를 제공하는 일을 하고 싶어요
⇓		
추구	가치관에 기반하여 목표를 가지고 지속적이며 실제적인 활동	장애인복지관에서 일하고 싶어요→대학에 진학해 장애인 분야를 전공하고 사회복지사 1급 자격을 취득할래요
⇓		
사명	가치관이 정립되어 자신의 삶과 이웃, 사회와의 관계 정의에 따른 일관된 활동	내게 이 일은 이러한 의미가 있어요, 나는 이 일을 좋아하고, 계속하고 싶고, 계속할 거예요.

○ 3가지 방법

1. 직업 마인드의 발전 단계 유형 검사	
단계	
1	호기심
	⇓
2	관심
	⇓
	지향
	⇓
3	추구
	⇓
4	사명

\+

2. 일 경험 준비 정도 유형 검사	
단계	**역량**
1	모두 낮음
2	의지 있음
3	의지+태도 있음
	태도: 직장생활 필수 에티켓을 지킴
4	의지+태도+직무 역량 있음
	직무 역량: 최소 6개월의 유사 경력이나 낮은 등급의 자격증 등 보유

\+

3. 일 경험 참여 목적 및 목적 실현 기간 확인			
1) 목적			
진로탐색형	취업 준비형	직업 준비형	스펙형
2) 기간			
1년 이내	1년 초과~ 2년 이내	2년 초과~3년 이내	3년 초과~

■ 일 경험 제공자(기업 등)의 청소년 수용과 목적 파악

○ 2가지 조사 사항

1. 적합 참여자 조건 유형			2. 기회 제공 목적 유형	
단계	**역량**		**구분**	**욕구**
1	모두 낮음		1	단순 체험 기회 제공
2	의지		2	교육(배움) 기회 제공
			3	자립 역량 기회 제공
3	의지+태도	**+**	4	일자리 징검다리 기회 제공
	태도: 직장생활 필수 에티켓을 지킴.		5	일반 채용 기회 제공
4	의지+태도+직무 역량			
	직무 역량: 최소 6개월의 유사 경력이나 낮은 등급의 자격증 등 보유		6	인재 확보

○ 파악 방법

설문 문항 기재	→	분석	→	보강 조사 (인터뷰)	→	확정

■ 제공하는 일 경험 단계별 프로그램

1. 호기심 단계		2. 관심 단계			3. 지향 단계				
							현장 경험		
컨텐츠	놀이형 실기 경험 제공	컨텐츠	배움형 실기 경험 제공	직업인 만남	컨텐츠	직업인 만남	견학	→	체험
							1일		1주일

4. 추구 단계						
컨텐츠	현장 경험					
	직업인 만남	직무 연수		직업훈련 ※ 필요 시	인턴십	
		교육형	노동형		고용 비연계형	고용 연계형
		비근로 계약	근로 계약		근로계약	
		1개월 이상			3개월 이상	

- **■ 세 주체에 대한 지원 사항**
  - ○ 이용자(청소년)
    - – 진단 검사 결과를 분석하고 적합한 계획 수립 코칭
    - – 프로그램 참여 시 소통을 통해 애로 사항 등 코칭

  - ○ 중개자
    - – 청소년의 일 경험 프로그램 지도 매뉴얼 제공
    - – 제공자와 프로그램의 신뢰도 정보 제공

  - ○ 제공자
    - – 프로그램 설계와 운용을 위한 매뉴얼 제공
    - – 온–오프라인 소통을 통해 코칭

2. 크리에이티브 일 체험 프로그램

[교육 개요]
- **■ 교육 목표**
  1. 개인 역량 함량과 태도 체화, 올바른 직업관 형성, 사회인으로서 기본 역량과 태도 체득
  2. 근로 환경에 대한 이해와 지식 배움

- **교육 방식**
  1. 일을 통해 세상과의 다양한 접점을 만나고 진로탐색 및 다양한 업무 영역에서의 체험
  2. 직업인 강의, 프로젝트 수행, 직무 교육 및 현장 근무
  3. 교육 내용을 바탕으로 광고, 행사, 식음료 등 다양한 분야에서 실제 근무에 적용하는 일 경험
- **교육 향유자: 청소년**
- **교육 인원: 12명**
- **교육 기간: 6개월**
- **교육 주기: 주 2회**
- **교육 시간, 횟수: 총 48회/ 총 480시간**
  - 집체 교육: 회당 3시간
  - 일 체험: 근무 및 멘토링, 1회당 6시간

[근무 현장 소개]
- **광고 분야 '애로우애드코리아'**
  오프라인 광고 매체 '사인스피닝' 서비스 제공. 광고판을 활용한 다양한 퍼포먼스로 행인의 눈을 사로잡고 광고 메시지를 전달하는 광고 전문가 '사인스피너'
  약 3개월의 전문 교육을 거쳐 오픈, 브랜딩, 축제, 선거 등 다양한 홍보 현장 근무

- **행사 분야 '일손'**
  청년 인적자원 브랜드 '일손'은 청년들의 노동력이 필요한 다양한 업종에서 중·단기 일자리를 발굴하고 연결
  축제, 박람회, 제조, 홍보, 시설 운영 등 폭넓은 분야에서 근무

- **식음료 분야 '띵크테이블'**

마포구 서교동 소재의 카페 '띵크테이블'

음료 제조 및 고객 응대 근무, 케이터링 & 딜리버리 서비스 준비 및 진행 보조 근무

[교육 운영 방안]

공통 분야 교육	→	특화 분야 교육/ 일 체험	→	현장 멘토링/ 경험 나누기

[교육 커리큘럼]

○ 공통 과정

시기		회차	진행 방식	주제	주요 내용	시간
7월	1주	1	오리엔 테이션	소개	기관 소개, 교육 인원 소개	3
					진행 커리큘럼 안내	
					근무지별 직무 소개	
					사인스피닝 소개 및 시범	
		2	강의 (이론)	직업관	직업관이란? -직업관의 세 가지 측면 〈자아실현, 생계 유지, 사회 참여〉	3
	2주	3	강의 (이론/ 실습)	노동인권	근로기준법 교육	3
					근로계약서 작성법 이론, 실습	
		4		근무태도	근무 현장 내 근무 태도 이론, 실습	3
	3주	5	강의 (이론)	서비스태도	근무태도 심화 (고객 응대 등 서비스태도 교육)	3
		6	강의 (이론/ 실습)	행사	행사 스태프 기본 직무 교육	3
	4주	7	강의 (이론)	식음료	케이터링 서비스 교육	3
		8		식음료	식음료 산업 소개	3
					카페 음료 제조 및 고객 응대	3
계						27

○ 특화 교육 및 일 체험

사인스피닝						'일손'/ '띵크테이블' 등			
특화 교육						구분	기간	회수	시수
진행 방식	주제	주요 내용	기간	회수	시수				
강의 (이론)	광고	광고의 정의, 광고 산업 소개	1 개 월	1	3	일 체험 및 현장 멘토링	주2회 / 5개월	40	240
실기/ 실습	기능	기능 기본 훈련		9	27				
소계				10	30				
일 체험 및 현장 멘토링									
일 경험 나누기							월 1회	4	12
마무리		참여 소감 및 마무리					1회	1	3

3. 3단계 진로교육 프로그램

[교육 개요]

프로그램명	진로 1~2	진로 3(취업지원)
교육 목표	진로 찾기	취업 스킬 향상
교육 방식	강의, 검사, 과제 수행, 코칭	강의, 검사, 과제 수행, 실습, 코칭
교육 향유자	고1~2	고3
인원	학년별 15명/ 30명	2팀 30명,1팀당 15명
교육 기간	9개월	3개월
교육 시간/ 횟수	1회당 2시간/ 9회/ 총 18시간	1회당 4시간/ 3회/ 총 12시간

[교육 커리큘럼]

○ 진로 1: 고1

회차	진행 방식	주제	프로그램명
1	설명, 실기, 해석	진로 탐색	GPA GEOPIA 도형심리검사
2			다중지능검사
3	워크샵		학습 코칭
4			시간 관리
5			비전트리 만들기
6		진로 역량	게임을 통한 공감 능력 향상
7			골드버그 만들기
8			디자인씽킹1
9			디자인씽킹2

○ 진로 2: 고2

회차	진행 방식	주제	프로그램명
1	설명, 실기, 해석	진로 탐색	직업흥미 검사 하기
2			기업의 이해
3			크림슨그리팅
4	워크샵	진로 역량	서류작성방법1(입사, 입시)
5			서류작성방법2(입사, 입시)
6			합리적 의사결정
7			라이프모델디자인
8			최고의 점포 만들기
9			시민의식 향상게임

○ 진로 3(취업 스킬): 고3

회차	교시	진행 방식	주제	프로그램명
1	1	강의	취업 스킬 역량	기업이 원하는 인재
	2	워크샵		이력서/ 자기소개서 작성1
2	1	워크샵		이력서/ 자기소개서 작성2
3	2	워크샵, 실습		무조건 합격하는 면접 전략

[세부 프로그램]

○ 진로 1: 고1

1회차 프로그램 계획서

	제목	GPA도형심리검사	영역	진로탐색
목 표	나의 성격과 의사소통 유형검사를 통해 나는 누구인가에 대한 답을 찾고, 강점을 강화시키고 약점을 보완하는 방법을 모색할 수 있다.			
하위 목표	1. GPA도형심리검사를 통해 성격과 의사소통 유형을 파악할 수 있다. 2. 타인과 소통하는 방법과 나의 강약점 개발 방법을 찾을 수 있다.			
활동 내용	1. 성격유형검사의 중요성을 인식하고 GPA도형심리검사를 실시한다. 2. 각 성격유형별 특징과 의사소통 유형을 파악하고 친구와 나의 다른 점을 인식한다. 3. 내가 개발하고 싶은 나의 모습과 고치고 싶은 나의 모습을 적어보면서 실천 방법을 스스로 찾는다. 4. 실천 여부 체크리스트를 만들어 매일매일 습관화하는 연습을 한다.			
기대효과	1. 나와 타인을 정확하게 알고 갈등 요소를 줄일 수 있다. 2. 나의 개발점과 개선점을 파악하여 스스로를 발전시킬 수 있다.			

2회차 프로그램 계획서

	제목	다중지능검사	영역	진로탐색
목표	8가지 다중지능검사 결과를 토대로 나의 강점지능을 알고 설명할 수 있다.			
하위 목표	1. 다중지능검사를 통해 나의 강점지능을 파악할 수 있다. 2. 강점지능을 강화시키는 방법을 스스로 찾을 수 있다.			
활동 내용	1. 다중지능검사에 대한 설명을 하고 인지한 후 검사를 실시한다. 2. 나의 강점지능 3가지를 파악하고 스스로 생각하는 강점을 이야기한다. 3. 강점지능을 강화시킬 수 있는 방법을 자발적으로 생각하고 개발 방안을 모색한다. 4. 일상생활에 접목할 수 있는 강점지능 강화 방법을 실천한다.			
기대효과	강점지능을 강화할 수 있는 방법을 찾아 실천할 수 있다.			

3회차 프로그램 계획서

	제목	학습 코칭	영역	진로탐색
목표	학습 코칭을 통해 집중력을 기르고 읽기와 암기 방법을 배워 학습 능력을 향상시킬 수 있다.			
하위 목표	1. 학습에 필요한 집중력 향상 프로그램을 통해 장시간 학습을 할 수 있다. 2. 암기법의 습득으로 학습 상황에 적용할 수 있다.			
	1. 다양한 학습 방법 사례를 익혀 학습 코칭의 중요성을 인식한다. 2. 현재 나의 학습 패턴을 인지하고 고쳐야 할 점을 스스로 찾아낸다. 3. 집중력 향상 프로그램 학습을 통해 보다 장시간 앉아 학습이 가능하도록 훈련한다. 4. 암기법의 습득으로 학습 상황에 적용하고 훈련한다.			
기대효과	집중력 향상 훈련과 암기법의 습득으로 학습 패턴을 관리하고 학습 능력을 향상시킬 수 있다.			

4회차 프로그램 계획서

	제목	시간 관리	영역	진로탐색
목표	시간의 중요성을 인식하고 시간 관리 방법을 모색할 수 있다.			
하위 목표	1. 시간의 중요성에 대해 스스로 정의할 수 있다. 2. 체계적인 시간 관리 방법을 모색하고 실천할 수 있다.			
활동 내용	1. 시간의 중요성을 인식하고 남은 고등학교 재학 기간을 수치화한다. 2. 주제별 시간 활용법을 익힌다. 3. 일/월/년별로 시간을 나누어 활용 방안을 스스로 모색한다. 4. 체크리스트로 자가 점검을 하면서 계획을 수정 보완한다.			
기대효과	허비하는 시간이 많음을 인식하고 꼼꼼한 자기 관리를 할 수 있다.			

5회차 프로그램 계획서

	제목	비전트리 만들기	영역	진로탐색
목표	나의 목표가 무엇인지 시각화하여 나무에 게시하고, 달성방법을 계획할 수 있다.			
하위 목표	1. 목표의 중요성을 스스로 이야기할 수 있다. 2. 목표 달성 방법을 계획하고 실천할 수 있다.			

활동 내용	1. 목표가 있는 사람과 없는 사람의 차이점을 설명한다.
	2. 효과적인 목표 설정 방법을 활동을 통해 모색한다.
	3. 시각화한 목표를 나무에 달고 스스로 목표 달성을 다짐한다.
	4. 목표 기한이 지난 후 나무에 단 목표를 떼어내고 새로운 목표를 적는다.
기대효과	자발적으로 만든 시각화된 목표를 통해 동기부여가 되고, 스스로 기한을 정해 행동할 수 있다.

6회차 프로그램 계획서

	제목	게임을 통한 공감 능력 향상	영역	역량
목표	공동 사회에서의 배려와 공감의 중요성을 깨달아 학교생활, 사회생활에 이타적 언행을 실천할 수 있다.			
하위 목표	1. 게임을 통해 타인에 대한 나의 관심도와 공감도를 체험할 수 있다. 2. 나의 언행을 되돌아보고 스스로 고쳐 행동할 수 있다.			
활동 내용	1. 타인에 대한 관심과 공감, 배려가 중요한 이유를 찾아본다. 2. 게임(나 찾아봐라)을 통해 그동안의 친구에 대한 관심도 수준을 파악한다. 3. 게임 정보를 토대로 내가 행동할 수 있는 배려와 공감 방법을 찾아 적어본다. 4. 실천리스트를 만들어 습관화할 수 있도록 다짐한다.			
기대효과	1. 사람과 환경에 대한 관심과 공감도를 높일 수 있다. 2. 나의 언행이 타인에게 미치는 영향을 느끼고 이해할 수 있다.			

7회차 프로그램 계획서

	제목	골드버그 만들기	영역	역량
목표	창의적 사고를 통해 관점을 다양화하여 문제를 해결하고 자신감을 기를 수 있다.			
하위 목표	1. 골드버그 만들기를 통해 관점을 다양화할 수 있다. 2. 팀워크를 발휘한 문제 해결을 통해 자신감을 기를 수 있다.			
활동 내용	1. 골드버그가 무엇인지 알고 영상을 통해 이해한다. 2. 주어진 재료(지류, 테이프, 구슬 등)를 통해 골드버그 장치를 만든다. 3. 3번의 시험을 통해 구슬이 가장 늦게 떨어진 팀에게 우승이 돌아간다. 4. 만들면서 어려웠던 점, 아이디어를 도출한 방법 등을 인터뷰하며 다양한 사고의 필요성을 인식한다.			

기대효과	1. 아이디어 도출 작업을 통해 창의력을 기를 수 있다. 2. 팀워크를 발휘하여 최적의 장치를 만들 수 있다.

8회차 프로그램 계획서

	제목	디자인 씽킹1	영역	역량
목표	공감과 창의적 사고를 통해 문제를 해결하고 결과물을 도출해 내면서 자신감을 기를 수 있다.			
하위 목표	1. 디자인 씽킹 과정을 통해 타인과의 공감 능력을 향상시킬 수 있다. 2. 누구나 문제 해결의 주축이 될 수 있다는 자신감을 기를 수 있다.			
활동 내용	1. 디자인 씽킹이 무엇인지 알고 사례를 탐색한다. 2. 디자이너의 마음으로 유저의 마음을 공감할 수 있는 인터뷰를 진행 한다. 3. 유저의 불편함과 개선을 요하는 점을 파악하여 정의한다. 4. 브레인스토밍과 브레인라이팅을 통해 아이디어를 도출한다. 5. 아이디어를 유목화시켜 구체적 실천 방안을 추려낸다.			
기대효과	1. 타인의 마음을 이해하는 공감 능력을 가질 수 있다. 2. 아이디어 도출 작업을 통해 창의력을 기를 수 있다.			

9회차 프로그램 계획서

	제목	디자인 씽킹2	영역	역량
목표	공감과 창의적 사고를 통해 문제를 해결하고 결과물을 도출해 내면서 자신감을 기를 수 있다.			
하위 목표	1. 디자인 씽킹 과정을 통해 타인과의 공감 능력을 향상시킬 수 있다. 2. 누구나 문제 해결의 주축이 될 수 있다는 자신감을 기를 수 있다.			
활동 내용	1. 프로토타입의 정의와 필요성을 인식한다. 2. 지난 시간 아이디어 도출 결과를 바탕으로 1차 프로토타입을 만들 어본다. 3. 결과물을 바탕으로 유저와 2차 인터뷰를 실시한다. 4. 잘된 점과 개선점을 파악하고 수정 보완 내용을 간추린다. 5. 2, 3차 프로토타입 제작 방법을 회의하고 실천에 옮긴다.			
기대효과	1. 타인의 마음을 이해하는 공감 능력을 가질 수 있다. 2. 아이디어 도출 작업을 통해 창의력을 기를 수 있다.			

○ 진로 2: 고2

1회차 프로그램 계획서

목표	제목	직업흥미 검사하기	영역	진로탐색
목표	직업흥미검사 분석으로 나의 관심 분야와 그에 따른 직업군, 직무를 파악하여 진로탐색의 구체화를 이끌어내는 데 목표가 있다.			
하위 목표	1. 직업흥미검사를 통해 나의 주요 관심 분야를 파악할 수 있다. 2. 직업과 직무, 전공 분야까지 구체화할 수 있는 방법을 모색할 수 있다.			
활동 내용	1. 직업흥미검사를 실시한다. 2. 주요 관심 분야가 무엇인지 파악하고 각 유형별 설명을 듣는다. 3. 유형별 직업군을 알아보고 나의 관심 직업군과 일치하는지 찾아본다. 4. 원하는 직업군에 종사하기 위한 방법(진학, 취업 등)을 찾아보고 지금부터 내가 해야 할 일은 무엇인지 알아본다.			
기대효과	1. 나의 직업흥미 분야와 진로를 연결하여 목표를 설정할 수 있다. 2. 직무와 직업의 다양성을 배워 확장된 사고를 가질 수 있다.			

2회차 프로그램 계획서

목표	제목	기업의 이해	영역	진로탐색
목표	기업의 종류와 직무를 정확하게 파악하고 나에게 필요한 전공 분야와 취업 방향에 대해 로드맵을 그릴 수 있다.			
하위 목표	1. 기업의 종류와 직무를 이해하고 설명할 수 있다. 2. 직무에 맞는 전공과 필수 지식이 무엇인지 알고 준비할 수 있다.			
활동 내용	1. 우리나라와 해외의 기업에 대해 이해한다. 2. 직무의 종류와 그에 따른 세부 업무에 대해 이해한다. 3. 직무에 따른 필수 전공, 전공지식 등에 대해 알아보고 진학이 필요한 분야, 바로 취업이 가능한 분야 등으로 나누어 알아본다. 4. 나에게 관심 있는 직무를 적어보고 연관된 지식과 전공 등을 탐색해 본다.			
기대효과	회사나 직무에 대한 막연함이 아닌 구체적인 정보 습득을 통해 진로 설계를 도울 수 있다.			

3회차 프로그램 계획서

목표	제목	크림슨그리팅	영역	진로탐색
	기업 내 부서별 직무를 활동을 통해 이해하고 설명할 수 있다.			
하위 목표	1. 기업 내 부서의 직무를 설명할 수 있다. 2. 시뮬레이션을 통해 직접 기업 운영의 방법을 이해하고 설명할 수 있다.			
활동 내용	1. 기업 내 부서의 종류와 직무에 대한 설명을 듣고 이해한다. 2. 조별로 하나의 회사를 만들고 주력 상품 등을 선정한다. 3. 제품 생산을 위한 과정, 구매, 판매, 마케팅 등을 가상 상황을 통해 체험한다. 4. 분업과 협동의 필요성을 인식하고 실생활에 활용 가능한 방법을 모색한다.			
기대효과	1. 나의 직업 흥미 분야와 진로를 연결하여 목표를 설정할 수 있다. 2. 직무와 직업의 다양성을 배워 확장된 사고를 가질 수 있다.			

4회차 프로그램 계획서

목표	제목	서류 작성 방법1 (입사, 입시)	영역	진로 역량
	진학이나 취업에 필요한 서류가 무엇인지 파악하고 스스로 작성해볼 수 있다.			
하위 목표	1. 진학과 취업에 필요한 서류가 무엇인지 파악할 수 있다. 2. 서류 작성 방법 실습(자기소개서 등)을 통해 간결하게 나의 생각을 전달할 수 있다.			
활동 내용	1. 입시, 입사 서류의 종류와 필요성에 대해 인식한다. 2. 다양한 예시를 보며 글을 쓸 때 주의점을 파악한다. 3. 주제별 문장을 작성해보고 피드백을 통해 수정 보완을 거친다. 4. 끊임없는 수정 보완을 통해 원하는 회사나 학교에 지원할 수 있는 서류를 완성한다.			
기대효과	스스로 나의 생각을 글로 정리하고 작성하면서 가고 싶은 회사나 학교에 대한 동기부여와 자신감을 기를 수 있다.			

5회차 프로그램 계획서

목표	제목	서류 작성 방법2 (입사, 입시)	영역	진로 역량
	진학이나 취업에 필요한 서류가 무엇인지 파악하고 스스로 작성해볼 수 있다.			
하위 목표	1. 진학과 취업에 필요한 서류가 무엇인지 파악할 수 있다. 2. 서류 작성 방법 실습(자기소개서 등)을 통해 간결하게 나의 생각을 전달할 수 있다.			
활동 내용	1. 입시, 입사 서류의 종류와 필요성에 대해 인식한다. 2. 다양한 예시를 보며 글을 쓸 때 주의점을 파악한다. 3. 주제별 문장을 작성해보고 피드백을 통해 수정 보완을 거친다. 4. 끊임없는 수정 보완을 통해 원하는 회사나 학교에 지원할 수 있는 서류를 완성한다.			
기대효과	스스로 나의 생각을 글로 정리하고 작성하면서 가고 싶은 회사나 학교에 대한 동기부여와 자신감을 기를 수 있다.			

6회차 프로그램 계획서

목표	제목	합리적 의사결정	영역	진로 역량
	합리적인 의사결정의 중요성을 인식하고 학교 및 일상생활에 접목할 수 있다.			
하위 목표	1. 의사결정의 중요성과 합리적인 의사결정이 무엇인지 설명할 수 있다. 2. 나의 일상생활을 합리적 의사결정 방법으로 대입하여 적용할 수 있다.			
활동 내용	1. 합리적인 의사결정이 중요한 이유를 인식한다. 2. 활동을 통해(진로 관련 주제를 기반으로 의사결정하기) 스스로 의사결정의 주인공이 되어본다. 3. 의사결정 후 계획 수립의 필요성과 실천 방안을 만들어본다. 4. 실천 리스트를 만들어 습관화할 수 있도록 다짐한다.			
기대효과	1. 진로탐색의 과정에서 합리적 의사결정 방법을 접목할 수 있다. 2. 결정한 의사를 제대로 실천하고 점검할 수 있다.			

7회차 프로그램 계획서

목표	제목	라이프모델 디자인	영역	진로 역량
	인생의 중요 가치를 정하고 그 가치를 실현하기 위한 방법을 스스로 모색할 수 있다.			
하위 목표	1. 내 인생의 중요 가치를 한 문장으로 표현할 수 있다. 2. 가치 실현을 위한 나만의 방법을 정하고 실천할 수 있다.			

활동 내용	1. 인생의 중요 가치를 활동을 통해(인생 가치 월드컵) 정해본다. 2. 정한 가치를 실현하기 위한 8가지 항목을 캔버스에 적는다. 3. 단기, 중기, 장기로 나누어 해야 할 일을 나누어 기록한다. 4. 체크리스트를 통해 스스로 습관화한다.
기대효과	인생의 중요 가치를 정의하고 실천 방안을 수립할 수 있다.

8회차 프로그램 계획서

목표	제목	최고의 점포 만들기	영역	진로 역량
목표	창의적 사고를 통해 관점을 다양화하여 문제를 해결하고 자신감을 기를 수 있다.			
하위 목표	1. 최고의 점포 만들기 활동을 통해 창의적 사고를 기를 수 있다. 2. 스스로 관점을 변화시켜 문제를 해결할 수 있다.			
활동 내용	1. 조를 이루어 최고VS최악의 레스토랑의 조건을 선정한다. 2. 최악의 조건을 가진 점포를 최고로 만들 수 있는 방법을 모색한다. 3. 고정된 관념에서 벗어난 창의적 사고의 결과를 도출해내고 발표한다. 4. 창의적 문제해결이 나에게 어떤 도움을 주는지 생각하고 발표한다.			
기대효과	1. 아이디어 도출 작업을 통해 창의력을 기를 수 있다. 2. 팀워크를 발휘하여 결과물 도출 과정에서 협동과 조율을 할 수 있다.			

9회차 프로그램 계획서

목표	제목	시민의식 향상 게임	영역	진로 역량
목표	공동의 과제를 분업, 협동, 협상, 타협 등을 통해 해결할 수 있다.			
하위 목표	1. 게임을 통해 공동의 과제를 팀워크를 발휘해 수행할 수 있다. 2. 역할 분담의 중요성과 협동의 의미를 활동을 통해 인식할 수 있다.			
활동 내용	1. 분업, 협동, 협상, 타협 등 단어의 의미를 정확히 파악한다. 2. 시민의식 향상의 규칙을 듣고 역할을 나누어 게임을 실시한다. 3. 결과물을 통해 느낀 점을 토론한다. 4. 잘한 점, 부족한 점을 나누며 실생활에 접목할 수 있는 우리의 말과 　행동을 생각해본다.			
기대효과	1. 개인 역할의 중요도를 인식하고 내가 중요한 사람임을 인식할 수 있다. 2. 타인을 배려, 협동하는 것의 중요성을 느끼고 실천할 수 있다.			

○ 진로 3(취업 스킬): 고3

1회차 프로그램 계획서

목표	제목	기업이 원하는 인재. 이력서/자기소개서 작성1	영역	취업 스킬
	성공적인 취업을 위한 방법을 찾고 스스로 실천할 수 있다.			
하위 목표	1. 기업이 원하는 인재에 대해 스스로 생각하고 이야기할 수 있다. 2. 입사 서류(이력서, 자기소개서)의 중요성을 알고 각 항목을 기술할 수 있다.			
활동 내용	1. 취업에 대한 개인의 생각과 방법에 대해 자유롭게 토론한다. 2. 기업이 원하는 인재상과 그 이유에 대해 알아본다. 3. 입사를 위한 방법(서류, 면접)의 필요성에 대해 인식한다. 4. 서류의 종류(이력서, 자기소개서)에 대해 정확히 알고 기술하는 방법을 배워 적고 피드백을 받는다.			
기대효과	1. 취업 준비의 필요성을 인식하고 방법을 배워 실천할 수 있다. 2. 입사 서류의 종류와 주제별 기술 방법을 익혀 적을 수 있다.			

2회차 프로그램 계획서

목표	제목	이력서/ 자기소개서 작성2	영역	취업 스킬
	입사 서류(이력서, 자기소개서) 작성법을 익혀 완성할 수 있다.			
하위 목표	1. 입사 서류(이력서, 자기소개서)의 중요성을 알고 각 항목을 기술할 수 있다.			
활동 내용	1. 에피소드를 찾는 방법과 핵심 주제를 적는 방법을 익히고 실천한다. 2. 주어진 4가지 주제에 맞게 자기소개서를 작성-피드백-수정-피드백 과정을 반복적으로 거쳐 완성도 높은 서류를 작성한다.			
기대효과	자기소개서의 주제별 기술 방법을 익혀 적을 수 있다.			

3회차 프로그램 계획서

목표	제목	무조건 합격하는 면접 전략	영역	취업 스킬
	면접의 중요성을 알고 면접 시 지켜야 할 언행을 실천할 수 있다.			

하위 목표	1. 면접 시 비언어적 커뮤니케이션의 중요성을 알고 행동할 수 있다. 2. 면접 시 언어적 부분의 주의 사항과 대화법을 익혀 실천할 수 있다.
활동 내용	1. 면접의 중요성에 대해 자유롭게 토론한다. 2. 면접의 종류와 방법을 강의와 영상을 통해 간접적으로 접하고 일상 대화와 다른 점을 찾아본다. 3. 면접 시 지켜야 할 언어적, 비언어적 커뮤니케이션의 예시를 배우고 실천한다. 4. 모의면접을 통해 실전 감각을 익히고 취업을 준비한다.
기대효과	면접 시 주의해야 할 언행을 지키고 면접관에게 충분히 자기표현을 할 수 있다.

4. 진로 멘토링 프로그램

■ 개요

- 프로그램명(안): Youth Impact Talk
- 기간: 9개월
- 진행 방식
  - 진로와 직업 특강: 2회
  - 주요 희망 직업인 특강: 7회
- 회당 교육 인원: 25명 이내

■ 배경

- 현실적인 진로 설계 및 직업탐구에 대한 사전 교육의 기회가 적음
- 청소년 자신의 삶에 대한 관심과 진로 활동에 대한 적극적인 마인드 필요

■ 교육 방법

○ 진로와 직업에 대한 특강을 프로그램 시작 전과 마무리 기간
에 진행함으로써 자신의 삶과 진로 설계에 대한 동기부여

○ 청소년 욕구 조사를 통해 희망 직업 파악하여 강사 매칭

○ 실제 직업인 멘토를 만나 스스로 묻고 듣는 대화의 장 마련

■ **기대효과**

○ 청소년 스스로 자신의 삶과 진로에 관심을 갖고 멘토를 통해
구체적인 진로 설계

○ 전문직업인 멘토와 만남/대화를 통해 멘토의 경험을 공유하고
관련 직업 정보 습득

■ **세부 진행 계획**

○ 주기 및 회기: 주 1회/ 9회기

○ 소요 시간: 회기당 2시간/ 총 18시간

○ 프로그램안

회기	월	구분	주제	
1	4	진로와 직업 특강	일과 직업, 그리고 행복한 삶	
2	5	희망 직업인 특강	직업1	각 직업별 전문 직업인 멘토의 성장 스토리, 각 직업별 직무 내용과 필요한 자격과 역량, 미래 전망과 준비 과정에 대한 정보 습득
3	6		직업2	
4	7		직업3	
5	8		직업4	
6	9		직업5	
7	10		직업6	
8	11		직업7	
9	12	진로와 직업 특강	미래 사회를 준비하는 나의 진로 설계	

○ 회기 일정표

소요 시간 (분)	내용	상세	비고
5	참여자 확인	– 명단 확인	
5	프로그램 및 멘토 소개	프로그램 및 강의 주제 및 멘토 소개	사회자
70	특강 (멘토링 토크) 진행	– 전문직업인 멘토가 전하는 꿈과 진로 도전기 – 각 직업별로 필요한 자격 및 역량, 미래 전망과 준비	멘토
15	진로 Q&A	– 청소년이 직접 묻는 진로에 대한 궁금증	사회자/ 대담
10	다음 회기 안내 및 마무리		사회자

나. 재무 역량 프로그램

1. '용돈, 부 소득, 주 소득' 온라인 프로그램

■ 배경과 필요성

○ 최근 도박, 불법 대출 등으로 인한 청소년 피해 증가와 더불어 만 12세 이상 청소년의 체크카드 발급이 가능해지면서 청소년들의 올바른 재무 역량을 기르는 교육에 대한 필요성이 높아지고 있음.

○ 수입이나 지출 내역에 대해 용돈 기입장 등을 작성하고 있는지를 묻는 질문에는 약 65.6%라는 대다수의 청소년들이 '특별히 작성하고 있지 않다'고 답변해 용돈을 체계적으로 관리하고 있지 않음을 알 수 있음.

○ 돈에 대한 좋은 마인드가 형성되지 못하여 안타까운 상황에 처하는 경우가 많음

마인드	상황
− 돈은 자신 또는 누군가의 '노동=수고'의 결과임을 알지 못해, 돈의 소중함을 알지 못함 − 돈을 어떻게 사용하느냐에 따라 자신에게 이익이 될 수도 있고, 해가 될 수도 있음을 알지 못함 − 돈은 '나'의 것이며, 동시의 '우리'의 것임을 알지 못함 − 돈은 자신이 하고 싶은 것을 가능하게 하는 폭을 넓혀줄 수 있음을 알지 못함	− 목표와 계획 없이 사용함 − 자신에게 유익하지 못한 소비를 함: 유흥비, 게임비, 과소비 등 − 범죄의 피해자가 되거나 범죄를 저지르게 됨: 충동형, 일확천금형, 베짱이형

○ 부모님, 청소년기관 종사자, 교사 대부분이 청소년에게 재무교육을 해야 한다는 입장이지만, 무엇을, 어떻게 해야 할지에 대해서는 막막할 뿐임. 오히려 '자칫, 감시, 잔소리, 일방적인 지시'가 되는 경우가 많음.

○ 이에 혁신적인 청소년 재무 교육 프로그램 개발이 필요함.

■ **기존 프로그램과 차별성**

○ 기존 프로그램

  − 기존의 오프라인 프로그램은 금융 정보나 경제 지식 제공 수준이며, 온라인 프로그램은 '용돈 관리 앱'인데, 가계부 수준이어서 교육 효과가 낮음.

  − 기존 프로그램의 취약점은 첫째, 재무관리의 목적, 목표를 정의하지 못하고 있으며, 둘째, 재무관리의 핵심 역량을 정의하지 못하고 있으며, 셋째, 이용자의 발달단계에 따른 프로세스가 없음.

  − 또한 동기 유발 기제가 약해 이용자 참여성과 지속성이 낮아, 이용자의 적극적 행동을 지속적으로 촉진하지 못해 체득성이 낮음.

– 마지막으로 이용자의 재무 역량이 일정 정도 있어야 해서, 조력자가 없이 '혼자 이용'하기 어렵고, 조력자의 역할이 '감시, 잔소리, 지시' 위주여서 '이용자와 조력자' 간 관계 방식이 제한되어 '공유성'이 약함.

○ 새로운 프로그램
 – '녹석, 목표, 핵심 역량'을 명확히 정의하였으며, 이용자의 발달 단계에 부응하는 프로세스로 설계되어 교육용으로서 적합성이 높음.
 – 또한 이용자에게 '재미, 성취, 실제적 이익'을 제공하여 참여성과 지속성이 높아 이용자의 적극적 행동을 자연스럽게 지속적으로 일으켜 체득성이 높음.
 – 마지막으로 이용자의 재무 역량이 낮아도 쉽게 사용할 수 있으며, 조력자의 역할이 '인정, 칭찬, 지지, 격려'와 좋은 질문을 하기여서 '이용자와 조력자' 간 다양한 방식의 참여와 소통이 가능하여 공유성이 높음.

■ **프로그램 개발과 테스트**
 ○ 2016년에 오프라인 프로그램을 개발하여 테스트 사업 수행한 결과 좋은 효과가 나타났다. 아래 표는 프로그램에 참여했던 한 사례임.
 ○ 현재 온라인 프로그램을 개발하고 있는데, 2020년 9월경에 나올 예정임.
 ○ 이 프로그램은 오프라인 또는 온라인 각각의 프로그램으로, 온–오프라인 융합 프로그램도 수행할 수 있음.

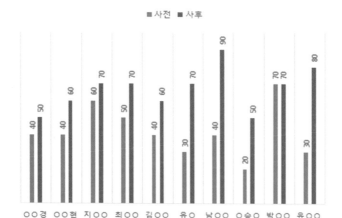

<전/후 자기 평가 점수>

■ 프로그램의 틀

○ Before 재무 인적성 검사: 유형 및 특성 분석/ 진단

○ 기획/ 준비하기

　－ 성취 목표 정하기: 나(○○○)는 1년 후에 (○○)만 원을 모으면, (무엇)을 하고 싶다.

　－ 수입 유형 정하기 (용돈, 부 소득, 주 소득)

　－ 유형별 월 수입 금액 적기

　－ 3단계 평가 레벨별 인센티브 금액 정하기

○ 실행하기

　－ 1단계: 계획대로 쓰기

　－ 2단계: 합리적으로 쓰기

　－ 3단계: 인내하기

　－ 4단계: 가치 있게 쓰기(나/ 아는 사람/ 모르는 사람)

　－ 공통 수행 순서: 수입장 작성→지출 계획장 작성→지출장(체크카드와 자동 연동)

ㅇ 평가, 성취하기
  – 평가: '월–회차–기수별' 분석, 진단, 평가 레벨 확정
  – 성취하기: 인센티브 적립, 성취 정도 확인
ㅇ 성취 즐기기
  – 수행 순서: 계획하기→실행하기→후기(소감, 사진, 영상 올리기)
ㅇ After 재무 인적성 검사: Before와 비교 분석, 코칭

| 프로그램 개념도 |

	기획/ 준비하기	
Before. 재무 인적성 검사	성취 목표 정하기	– 수입 유형 정하기 (용돈, 부 소득, 주 소득) – 월 수입 금액 정하기 – 3단계 평가 레벨별 인센티브 금액 정하기
↓	↓	
유형 및 특성 분석/ 진단	1년 후에 (00)만 원을 모은다면, (무엇)을 하고 싶다	

실행하기					
1단계	2단계	3단계	4단계		
계획대로 쓰기	합리적으로 쓰기	인내 하기	가치 있게 쓰기		
			나	아는 사람	모르는 사람

↓

수입장 작성 →지출 계획장 작성→ 지출장(체크카드와 자동 연동)

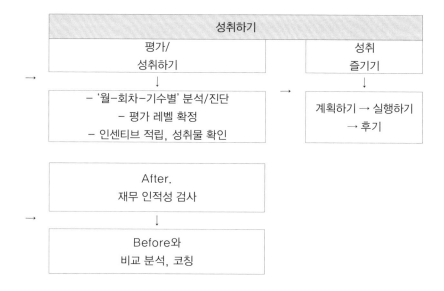

2. 용돈 관리 프로그램: 오프라인

- **개요**
  - ○ 사업 기간: 12개월 과정
  - ○ 횟수 및 시간: 총 12회, 회당 2시간씩 총 24시간
  - ○ 프로그램 진행 단계

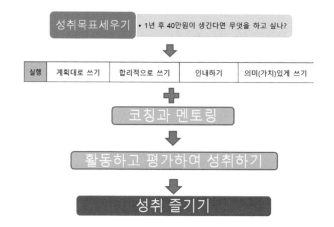

○ 주요 내용

구분	계획대로 쓰기	합리적으로 쓰기	인내하기	의미(가치) 있게 쓰기
목표	1.소비 예측 자세히 하기 2. 충동적으로 소비하시 않기	1. 우선순위와 재정 배분 원칙과 방법 배우기 2. 자원의 가용성 늘리기	1. 소비의 대안적인 방법 찾기 (돈이 아닌 다른 것으로 생활하기) 2. 소비 욕구를 억제하는 능력 키우기	1. 돈은 '자기'와 '공동체'를 위해 사용되는 것임을 알기 2. 의미 있는 일을 '혼자'보다 '함께'하는 게 좋음을 알기
수행 방법	무조건 계획대로 쓰기	가용성의 범위 내에서 항목 추가 가능	무조건 안 쓰기	1.팀 활동으로 하기 2.가까이서 찾기 3.상대가 원하는 것 찾고 하기
평가 점수	상, 중, 하	상, 중, 하	절약한 금액에 비례	상, 중, 하
평가 방법	정량: 계획대로 사용된 정도 측정	정량평가: 가용 재원의 량 측정 정성평가: 합리성 측정	정량: 절약한 금액 측정	정성평가: 의미 (가치)성 평가
평가자	교사	개인 발표→본인, 친구, 교사의 평가	교사	1.팀 발표→팀, 친구, 교사의 평가 2.향유자 의견 청취

구분	주요 내용/ 활동	목적 및 기대효과
기본 미션	○ 1분 자기 관리 : 매일 자기 전 1분 동안 오늘 지출과 내일 할 일 기록하기	돈 관리의 기본이 되는 자기 관리 습관, 미리 생각하고 계획하는 습관 키우기
월별 미션	○ 1'st Month: 계획하여 쓰기 • 용돈 계획 세우기 및 계획대로 쓰고 결산하기 • 예산과 결산 평가하기	돈 쓰기 전 지출해야 할 것과 하고 싶은 것 미리 계획해서 자원 배분하기

월별 미션	○ 2'nd Month: 합리적으로 쓰기 • 기회비용과 용돈 예산 • 돌발 지출에 대비한 나만의 방법	가격과 만족감 등을 비교하여 의사를 결정하는 방법 알기 저축의 필요성 이해
	○ 3'rd Month: 인내하기 • 1개월 동안 최대한 지출 참기	소비 참기의 필요성 알기, 소비 없이 사는 지혜 알기
	○ 4'rd Month: 가치 있게 쓰기 • 가격과 가치 • 가장 가치 있는 지출을 찾아라 • 나를 위해 가치 있게 쓰기 • 다른 사람을 위해 가치 있게 쓰기	가격과 가치의 차이를 이해하고, 가치 지향적인 의사결정과 성취 훈련

○ 일정

	일정	00년 1월 중			
사전	내용	프로그램 소개	성취 목표 세우기	1월 용돈 계획 세우기	
	월	00년 1월	00년 2월	00년 3월	00년 4월
1 회차	주제	계획대로 쓰기	합리적으로 쓰기	인내하기	의미 있게 쓰기
	주요 활동	계획대로 쓰기 평가	합리적 사용 평가	인내하기 평가	가치 소비 평가
		합리적 사용 계획	짠돌이 계획 세우기	가치 소비 계획	계획대로 쓰기
		(2월 용돈 계획)	(3월 용돈 계획)	(4월 용돈 계획)	(5월 용돈 계획)
	월	00년 5월	00년 6월	00년 7월	00년 8월
2 회차	주제	계획대로 쓰기	합리적으로 쓰기	인내하기	의미 있게 쓰기
	주요 활동	계획대로 쓰기 평가	합리적 사용 평가	인내하기 평가	가치 소비 평가
		합리적 사용 계획	짠돌이 계획 세우기	가치 소비 계획	계획대로 쓰기
		(6월 용돈 계획)	(7월 용돈 계획)	(8월 용돈 계획)	(9월 용돈 계획)

	월	00년 9월	00년 10월	00년 11월	00년 12월
3 회차	주제	계획대로 쓰기	합리적으로 쓰기	인내하기	의미 있게 쓰기
	주요 활동	계획대로 쓰기 평가	합리적 사용 평가	인내하기 평가	가치 소비 평가
		합리적 사용 계획	짠돌이 계획 세우기	가치 소비 계획	프로젝트 평가
		(10월 용돈 계획)	(11월 용돈 계획)	(12월 용돈 계획)	매칭 결과 발표
마무리	시기		01년 1월		
	내용	성취 즐기기	계획하기 → 실행하기 → 후기(소감, 사진, 영싱 올리기)		

3. 소득 관리 프로그램: 오프라인

- **개요**
  - ○ 목적: 실제 소득을 바탕으로 자립을 위한 목표 저축과 합리적인 예결산 및 돈 관리 방법 익히기
  - ○ 대상 및 인원: 취업 예정 및 취업 청(소)년/ 고3학년/ 10명
  - ○ 사업 기간: 5개월 과정
  - ○ 횟수 및 시간: 워크샵 1회(6시간)+사후 관리 교육 4회(2시간*4회)=총 14시간

○ 프로그램 내용

구분	주요 내용	비고
생활경제 워크샵	○ 주제 환기: 소비 예산 게임	게임 20분
	○ 소득과 지출 이해하기 – 명목 소득, 가처분 소득 – 필수 지출과 욕구 지출 – 고정 지출과 수시 지출, 비정기 지출 – 나만의 예산 계획 세우기 ○ 소비와 저축 이해하기 – 재무 사건, 재무 목표 – 나의 재무 사건 검토하기 – 재무 목표 세우기 – 목표를 이루는 저축 계획 만들기 ○ 손쉬운 돈 관리 – 통장 나누기와 가계부 – 나만의 통장 시스템 만들기, 가계부 쓰는 법	강의+실습 (6시간)
	○ 마무리	피드백
생활경제1	○ 소득 관리 평가 – 지난달 예결산, 저축 평가, 다음 달 예산수립 ○ 주거 계획: 주거 관련 정보 찾는 방법, 계획 세우기, 예산	피드백+실습
생활경제2	○ 소득 관리 평가 – 지난달 예결산, 저축 평가, 다음 달 예산수립 ○ 자립 준비: 필요한 물품 목록, 예산안 짜기, 소비 계획 세우기	피드백+실습
생활경제3	○ 소득관리 평가 – 지난달 예결산, 저축 평가, 다음 달 예산수립 ○ 사회초년생의 금융 생활 – 금융 정보 찾는 방법, 유용한 금융 상품	피드백+강의
생활경제4	○ 소득 관리 평가 – 지난달 예결산, 저축 평가, 다음 달 예산수립 ○ 신용 관리: 신용, 신용 관리 방법, 신용 관리 주의점	피드백+강의

다. 주거 생활 역량 프로그램

1. 퇴소 전/후 융합 프로그램

■ 필요성

○ 양육시설 청소년은 '독립 주거 생활'에 강렬한 열망이 있음. 그러나 상당수가 퇴소 후 행복한 자립 생활을 영위하는 데 큰 어려움을 겪음.

○ 퇴소 진에는, 성인들이 어떻게 자신의 생활을 꾸려가는 지 전혀 알 수가 없어, 독립생활의 실제를 알 수가 없음.

○ 자신의 독립 주거 생활을 잘 꾸려가는 역량과 더불어 좋은 유대관계를 맺는 역량이 필요함.

○ 이 2가지 역량을 퇴소 전 및 퇴소 직후에 체득하지 못하고 있음.

○ 이로 인해 나타나고 있는 문제들을 해결하고자 함.

퇴소 후 상황		원인		해결 방안
1. 자살 2. 사회적 고립(외톨이) 3. 안 좋은 관계망 형성 (범죄, 성매매) 4. 생활했던 양육시설 소재·부근 지역에 거주 (70% 이상)	⇒	경제적 어려움보다 외로움이 더 큰 어려움 자율 생활 역량 부족 새로운, 좋은 유대 관계망 미형성	⇒	자율 생활 역량 체득 관계 형성 역량 체득 대안적인 유대관계망 (공동체) 형성

■ 기존 유사 프로그램과의 차별점

○ 기존 프로그램

– 퇴소 전 프로그램: 체험 기간이 매우 짧고(최대 1개월), 실제적인 생활 공간이 아니어서 그 효과가 매우 낮음. 이로 인해, 양육시설들이 잘 활용하지 않음.

– 퇴소 후 프로그램: 대부분 경제적 지원에 집중하여, 퇴소 후

청(소)년들이 싫어하는 것과 희망하는 것을 반영하지 못하고
있음. 이에 청(소)년들이 참여를 기피함.

가장 싫어하는 3가지	희망하는 3가지
○ 양육시설 출신이라는 것이 드러나는 것. ○ 양육시설 출신 청소년들이 함께 사는 것. ○ 누군가의 관리를 받는 것.	○ 싫어하는 3가지가 없어야 함. ○ 쾌적한 주거 환경. ○ 정서적 유대감을 형성함.

○ 사회적 기업 사람마중은 꿈나무마을 초록꿈터(양육시설), 경기
자립지원센터내비두, 만인의꿈(청년셰어하우스)은 협력하여 아
래와 같은 활동을 해왔음.

프로그램명	체험형 주거 자립	한하우스
기관명	꿈나무마을 초록꿈터	경기자립지원센터내비두
목적	청소년 개인의 주거 생활 역량 체득	퇴소 후 청(소)년들의 대안 공동체 형성
지역	대도시: 서울시 은평구	중소도시: 경기도 의정부시
양육 시설 규모	대규모 양육시설	중규모 양육시설
모델 유형	시설+지역 주거 공동체 협력형	당사자+조력자 자조형
수행 공간	청년주거공동체 '만인의꿈' (서울시 서대문구 신촌 소재)	퇴소 청년이 자기 집 공유
참여 청(소)년	퇴소 전 청소년(고2~고3)	퇴소 후 청(소)년
참여 기간	개인별 4개월	주 1회 쇼셜다이닝, 연간 지속
제공 서비스	주거(임차료), 식사, 멘토링 서비스	쇼셜다이닝, 멘토링, 고충해결
참여 인원	2018~2019: 16명	30여 명
수행 기간	2018년부터 현재	2016년부터 현재

o 본 프로그램은 '조사 연구/ 프로그램 개발/ 테스트 사업' 단계
를 거쳤으며, 긍정적 효과가 나타나고 있음.

– 꿈나무마을 초록꿈터: 체험 후 청소년의 긍정적 행동 변화와
퇴소 후 긍정적 사회 진출 결과가 나타났음.

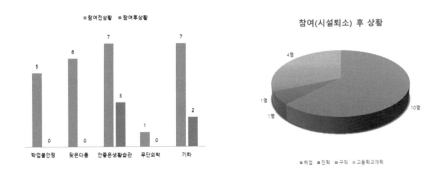

– 한하우스: 2016년부터 현재까지 지속 및 참여 청년들이 늘
어나고 있으며, 청년 당사자와 조력자가 회원, 함께 운영하는
비영리단체 '경기자립지원센터내비두' 설립(2020. 1. 7.)함.

o 개념도

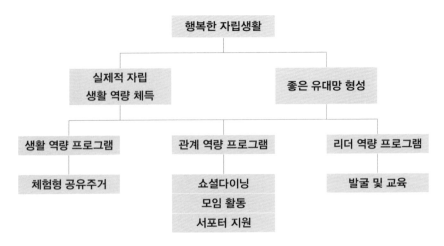

○ 프로그램 내용

구분	퇴소 전: 체험형 주거 자립		퇴소 후: 주거 공유 자조 모임형	
생활 역량 체득	1인별 4개월 간 1기당: 5명씩 연 3기, 총 15명	쇼셜 다이닝	당사자 모임: 주1회, 월 3회, 연간 30회	
			당사자+지역사회 멘토 모임: 월 1회, 연간 10회	
		공통 역량	개인 재무 역량	
			직업진로 역량	
			성/가족 역량	
관계(공동체성) 역량 체득	지역 내 또래, 비또래 모임 활동 지원			
	기수별(5명) 자체 기획 모임 활동 지원		팀별(4~5명) 자체 기획 모임 활동 지원	
리더 발굴 및 역량 체득	'자립' 정립, 사회적 약자 공동체 배우기, 리더의 좋은 '정체성, 마인드, 태도, 자세' 만들기, 유관 제도 등의 이해, 프로그램 역량(기획, 준비, 수행, 평가, 개선) 등			

사업 영역	프로그램	활동 내용
공유하기	설명회	① 참여 청(소)년/협업 단위들과 공감/소통함. ② 설명회를 통해 청취된 의견들을 세부 사업 계획에 반영함.
생활 역량 체득	체험형 공유 주거 프로그램	① 청년 셰어하우스 '만인의꿈' 체험 ② 청년(성인)들과 생활하면서 삶의 지혜와 자율 주거 생활 역량을 키움. ③ 1인별 4개월 간/1기당 5명씩/연 3기, 총 15명 참여.

	자조모임
	프로그램
		① 매주 금요일 저녁에 쇼셜다이닝 모임 진행.
		  – 1~3주는 당사자 모임
		  – 4주는 당사자와 지역사회 조력자 초청하여 진행.
		② 자신의 생활, 고민, 어려움 등을 나누고, 서로에게
		위로와 격려를 통해 유대감을 형성함.
		③ 지역사회 서포터즈와 교류를 통해 실질적인
		'멘티-멘토'를 맺음.

관계 (공동체성) 역량 체득	지역 모임 활동	① 자신이 좋아하는 분야에서, 지역사회의 또래 및 비또래(선배, 성인) 모임에 참여하여 인간관계의 다양성을 확대하고 유대관계를 형성함. ② 다른 사람들과 관계 맺음의 즐거움을 알고, 또래 및 비또래들의 다양성을 수용하고, 좋은 관계를 맺는 원칙과 방법을 배움.
	스스로 모임 활동	① 기수별(꿈나무마을)/ 팀별(한하우스) 참여 청(소)년들이 스스로 모임을 기획, 준비 수행함. ② 협동하는 법(잘 드러내기, 잘 공감하기, 잘 뜻 모으기)을 배우고, 협동의 결과를 통해 성취감을 느낌.
	서포터 지원	① 지역사회 조력자가 제공함. ② 공유 주거 선배 청년들이 제공함. ③ 전담 인력들이 제공함.
리더 역량 체득	리더 발굴 및 양성 교육	① 프로그램의 지속성과 효과성을 확보하는 핵심은 당사자 리더임. ② 사명감과 역량을 갖춘 자립지원가로 성장을 도움. ③ '자립' 정립, 사회적 약자 공동체 배우기, 리더의 좋은 '정체성, 마인드, 태도, 자세' 만들기, 유관 제도 등의 이해, 프로그램 역량(기획, 준비, 수행, 평가, 개선) 등.

○ 기대효과

구분		내용
사업 참여자	퇴소 전 청소년	– 실제적인 주거 생활 역량을 체득하여 충실한 퇴소 준비. – 함께 생활한 청년(성인)들에게 삶의 지혜를 배우며, 안 좋은 '생활 습관, 대인관계, 부적응' 등의 어려움을 스스로 극복.
	퇴소 후 청소년	– 자살, 사회적 고립(외톨이), 범죄, 성매매 등 예방. – 행복한 독립생활과 공동체 생활 영위. – '스스로, 또래, 동생(후배)'들의 자립을 돕는 '자조' 역량과 리더 역량 체득.

사회	– 새로운 모델 개발로 자립지원을 혁신하여 효과성 증대. · 퇴소 전·후 청소년 자립지원에 당사자 공동체 참여. · 퇴소 전과 후가 단절되지 않고 융합. · 시설과 지역사회가 협업.

2. 3단계 주거 생활 체험 프로그램

- **배경 및 필요성**
  - ○ 청(소)년들이 주거 공간을 쾌적하고 즐거운 일상생활 공간으로 꾸리지 못함.
    - – 주거공간에서 위생 및 청소, 요리, 청소, 꾸미기 등의 생활 기술이 부족함.
  - ○ 청(소)년들의 주거 공간이 사회와 단절 공간이 되기도 함.
    - – 주거 공간의 폐쇄성이 강해지면 니트화 및 은둔화됨.
  - ○ 주거 공간에서'쾌적함, 즐거움, 유대성'을 배울 수 있는 혁신적 프로그램이 필요함.

건강한 생활 습관을 스스로 관리하며, 쾌적한 주거 생활을 유지할 수 있는 역량을 체득함.

- **내용**
  - ○ 사업 기간: 3단계 과정/ 과정당 1년/ 총 3년
  - ○ 모임 형태: 공동체 주택

■ 단계별 프로세스

배우기	체험하기	살기
- 마인드, 태도, 자세 - 생활 분야별 역량	- 다른사람과함께사는법 - 스스로 생활 역량 체득	- 마인드, 태도, 자세 - 생활 분야별 역량

- 최소 3개월~
  최대 12개월
- 고1~2 중심
- 협업 공유주거 공간 등
	- 최소 3개월 이상
	- 고2~3이상
	- 협업 공유주거
	  공간에서 실시
		- 6개월 이상
		- 독립생활 청소년
		- 맞는 주거 공간 중개
		- 준비 및 안착서비스
		  제공

■ 단계별 내용

구분	분야		프로그램명	내용	
배우기	생활법		함께/혼자 잘 살기	- 마인드, 태도, 자세 - 함께 규칙 정하기 - 생활하기 - 체크하고 공유하기 - 조금 좋아지기	- 워크샵: 3회 - 공유: 월 1회씩 - 최소 3개월 이상

	분야별
	역량
		식생활	스스로
			요리
				- 개인 측면: 식재료
				  정보, 식습관, 기능
				- 관계 측면: 음식문화
				  이해, 에티켓, 관계
				  맺기
					- 주 1회씩/10회차
					- 개인 측면: 6회,
					- 관계 측면: 4회

		가사	내가 만들고 가꾸는주거생활 꿀팁!	- 생활 기술 익히기	- 강의+실기: 6회 - 과제 수행: 12회

체험하기	모르는
	사람과
	함께
	생활하기
			다르게
			살아보기!
				- 다른 사람과 함께
				  사는 법
				- 스스로 생활 역량
				  체득
					- 협업 기관 프로그램
					  참여
					- 공유하기: 월 1회씩
					- 3개월 이상

살기	공유 주택에서 살기	함께 잘 살기!	자조 모임 병행	– 자기에게 맞는 공유 주택 찾고, 준비하기 – 살아가기	– 공유 주택 프로그램 참여 – 공유하기: 월 1회씩 – 6개월 이상
	혼자 주택에서 살기	혼자여도 괜찮아!		– 자기에게 맞는 혼자 주택 찾고, 준비하기 – 살아가기	– 공유하기: 월 1회씩 –6개월 이상

■ **1단계(배우기) 프로그램**

○ 주요 주제와 내용

구분	주제	내용	
공동체 주택의 이해와 사례	독립 후 어떻게 잘 살 것인가?	독립 후 주거 생활의 실제 모습은 어떠한가?	
		공동체 주택은 무엇이고 왜 생겨나 확산되고 있는가?	
		공동체 주택이 추구하는 것은 무엇이고, 어떻게 실현되고 있는가?	
		공동체 주택은 독립 청소년에게 어떤 영향을 끼칠 것인가?	
공동체 주택에서 살기	함께 행복하게 살기 위한 준비를 어떻게 할 것인가?	좋은 규칙 정하기	좋은 규칙은 무엇인가?
			어떤 원칙과 방법으로 정하는가?
			어느 만큼 수용하거나 수용하지 않을 것인가?
			공동체 주택 생활 규약 만들기⇒실행하기⇒ 성찰하기⇒수정하기
		갈등 조정 하기	갈등은 왜 생기는가?
			어떤 갈등들이 생기는가?
			갈등 상황에서 나타나는 모습들은?
			갈등을 조정하는 원칙과 태도, 방법은 무엇인가
			갈등 조정 약속 만들기

생활 기술 익히기	개인의 프라이버시 존중과 공동체의 즐거움을 함께 이룰 수 있는 힘을 이떻게 기를 것인가?	개인 주거 공간과 생활 꾸리기	음식 만들기, 음주, 흡연, 쓰레기 관리, 청소하기, 개성 있게 꾸미기, 생활용품 구입과 관리, 소음 관리, 빨래하기, 냄새 관리, 옷 입기 등
		공동 공간과 생활 꾸리기	공동 생활용품 구입과 관리, 공동 공간 청소하기와 꾸미기, 공동 공간 이용 에티켓, 친구 등 지인 내방 에티켓, 공동 조리 및 식사 에티켓, 연령 차이에 따른 에티켓, 물어보지 말아야 할 것, 참견하지 말아야 할 것 등
		함께 잘 놀기	공동으로 음식물 시켜 먹기, 공동 취미 활동하기, 공동 행사하기, 적절한 경비 책정과 분담하기
		잘 거절하기	무엇을 거절할 것인가? 어떻게 거절할 것인가?

○ 프로그램 내용 및 진행 흐름

구분	내용	개월 차
설명회	취지 등 개요 설명, 청소년에게 선택의 기회 제공	1개월

⇓

참여 청소년 확정	희망자 신청, 협의, 확정	1개월

⇓

준비 워크샵	공동체 주택의 이해와 사례	2개월

⇓

월별 워크샵 1회차	좋은 규칙 정하기, 공동체 주택 생활 규약 만들기	3개월

⇓

월별 워크샵 2회차	갈등 조정하기, 갈등 조정 약속 만들기	4개월

⇓

월별 워크샵 3~8회차	생활 기술 익히기, 경험(생각, 느낌) 나누기, 규칙 수정과 갈등 조정하기	5~12 개월

⇓

평가와 개선하기	공동체 주택 생활기 만들기, 차년도 계획 세우기	12개월

■ 2단계(체험하기) 프로그램

  ○ 수행 원칙

    – 청소년들이 공동체를 형성하고 있는 청년 셰어하우스에서 자율적으로 생활함.

    – 참여하는 청소년의 인권, 프라이버시를 존중함.

    – 개입(관리)을 최소화하고 살고 있는 청년들과 똑같이 함.

    – 집 하나에 청소년 한 명씩 거주함.

    – 청년 공동체가 주도성과 자율성을 갖도록 함.

  ○ 큰 틀

    – 공동 주거 체험.

    • 셰어하우스에 거주하며 청년들과 관계망 형성.

    • 공동체에서 진행하는 입주자 소모임 및 커뮤니티 모임에 참가하며 건강하고 발전적인 사회관계망 체험.

    – 공동 주거 교육.

    • 선배 입주자(멘토), 공동체 담당자와 월 1회 공동 워크숍 진행.

    • 청소, 빨래, 요리, 집 관리 등에 대한 기본적인 생활 역량 강화.

  ○ 프로그램 내용

개월 차	구분	세부 내용 프로그램	비고
1	입주	주제: 새로운 집, 새로운 사람들과의 만남, 함께 그리고 홀로 사는 법	숙소별 멘토 1인 배정
	워크샵	●평가 기준: 주거 자율도	

2	교육	●주제: 청결/ 정리 교육 ●평가 기준: 생활 성숙도 자가 평가	멘토와 함께 생활 피드백
3	홈파티		홈파티 진행
	교육	●주제: 건강한 커뮤니티 경험하기 　　　(홈파티 기획 및 참여) ●평가 기준: 홈파티 진행 참여도	
4	교육	●주제: 주거 생활 팁/ 지출 비용 절약 방법 ●평가 기준: 전체 프로그램 만족도	
	퇴실		

3. 주거 생활 공간 관리 교육 프로그램

■ 목표

청소년들이 주거 공간에서 일상생활을 건강하게 계획하고 관리하는 능력을 키워주고자 함.

청소년들과 가정의 일상생활을 분야별로 학습하고 실습해보며 성장 후 자기 인생의 주체로서 건강한 생활을 함.

■ 교육 내용

○ 주거 공간과 생활의 가치와 소중함

○ 주거 공간에서 좋은 생활 마인드, 태도, 자세

○ 주거 공간에서 좋은 생활을 하는 분야별 기능

○ 스스로 역량 체득

■ 교육 방법

○ 강의+실기+과제 수행

■ **교육 운영**

　○ 기간: 11개월

　○ 주기: 월 1회

　○ 시간 및 회수: 24시간/ 9회

■ **프로그램**

월	시수	분류	교육 내용	세부 교육 내용	과제 수행
4월	2	주거 생활	소양 교육	■오리엔테이션 ■집 안을 살펴봐요 ■집 안의 함께 사는 사람도 다양해요 ■자격증 안내	꿈꾸기
5월	2	주거 생활	소양 교육	■생활의 형태도 다양해요 -주거 공간과 생활의 가치와 소중함 -행복을 만드는 주거 공간의 생활! -주거 공간 디자인: 공간 구획, 필수 생활 기자재와 경비 정하기 및 위치 정하기 등	내 집에 가구와 가전 위치 잡아주고 꼭 필요한 생활재 생각해보기
6월	2	공간 관리	방. 거실 청소	■마음먹으면 사용하기 쉬운 가전제품 ■청소 도구 사용법 ■서랍장 찾기 쉽게 정리해요 ■옷장의 옷들도 자리가 있어요. ■놀기 좋은 책상 정리 정돈	방, 거실의 체크리스트 만들기
7월	2	공간 관리	주방 청소	■냉장고 똑똑 활용 ■식품별 보관 방법 ■싱크대 주방용품 정리 ■천연 페브리즈 만들기 ■선반과 서랍 정리수납 ■쇼핑백 바구니 활용법 ■비닐봉투 종량제 ■종량제 봉투 접기 (준비물)물티슈, 깔데기, 검정 비닐 봉투, 종량제봉투, 쇼핑백 1개, 가위	주방 체크리스트 만들기, 정리된 주방에서 함께 먹고 싶은 음식 고민해오기, 컵밥 만들어 먹기

월					
8월	2	공간 관리	욕실 청소	■ 욕실 청소의 문제점 ■ 호텔 욕실 청소법 ■ 실생활 활용 청소 방법 ■ 욕실 수납용품 소개 ■ 산성세제, 알카리성 세제 ■ 거울 닦기 달인 ■ 변기와 세균	욕실 체크리스트 만들기
9월	2	공간 관리	세탁 및 다림질	■ 나도 스타일러 ■ 그 옷 내려놔 빨래는 내가 해 ■ 나만의 옷 보관법 그뤠잇!	세탁 및 다림질 체 크리스트 만들기, 단추 달기 등
10월	4	공간 관리	베란다 청소	■ 많이 가지면 쌓아둬야 해요 ■ 자격증 시험	베란다 체크리스트 만들기, 생활공간 별 체크리스트 함께 공유하기, 종합하여 체크리스트 완성하기, 좋은 목표 세우기
11월	4	체험 하기	체험 하기	■ 공유 주택 다녀오기 ■ 구체적으로 계획해보기	공유 주택 방문 후 나의 안전하고 안락한 주거 공간 계획 이야기하기
12월	4	마무리	쫑파티	■ 공간별로 나눠 대청소하기 ■ 느낌과 생각 나누기 ■ 자격증 수여 ■ 맛있게 먹기	친구의 청소 평가하기, LA김밥

4. 「스스로 요리」교육 프로그램

건강하고 행복한 삶을 위해서 꼭 필요한 삶의 핵심 기술, 요리!

요리는 한 끼 때우거나 되는 대로 먹는 것이 아님. 요리는 삶의 시작인 자기 건강과 행복한 미래를 위해 꼭 배우고 익혀야 하는 '마인드이자 역량'임.

한 끼를 스스로 차려먹을 수 있는 것 - 장보기부터 밥, 국, 반찬 만들기는 생활의 시작입니다. 청소년들이 요리를 통해 건강한 식습관과 식

문화에 대한 이해를 바탕으로 역량을 체득하고, 음식을 통한 사회관계
와 소통을 배워나감.

[교육 개요]
- 교육 목표: 청소년의 건강한 식생활 역량 체득, 근본적 음식복
- 교육 기간: 9개월
- 교육 주기: 월 1회
- 교육 시간, 회수: 1회당 2시간/ 10회/ 총 20시간

[교육 특징]
- 생활 속 끼니를 해결할 수 있는 실용적인 요리 기술 교육
- 장보는 법, 칼, 불, 조리 도구 다루는 법, 밥, 국, 반찬 만들기, 조
  리 안전과 위생
- 경제적이면서 건강한 장보기부터 요리법까지
- 요리와 더불어 건강한 식습관 교육
- 내가 먹는 음식이 어디에서 왔는지를 배우는 교육
- 건강한 식습관과 식문화에 대한 이해와 실천 유도
- 음식과 관계의 이해를 바탕으로 한 초대 음식
- 식사 예절

[세부 교육 커리큘럼]

회차	영역 구분 (진행 방식)	주제	주요 내용
1	오리엔테이션 (이론과 실습)	요리와 내 삶의 관계 찾기, 기초 조리 기술, 위생&안전 교육	'요리'란? 요리의 장점 나와 요리의 관계 지수 알아보기
			요리 도구와 칼 사용법
			생 토마토 주스 만들기
			내가 만든 토마토 주스 VS 파는 토마토 주스 비교하기
			위생&안전 서약서
2	식생활 교육 (이론과 실습)	건강한 음식 재료, 경제적으로 장보기	경제적이면서 건강하게 장보는 요령(제철 재료 구매, 원산지 확인, 가격 비교, 유통 기한 및 함량 확인 등) 알고, 실습하기
			식재료 보관 & 전 처리 방법 배우기
3	식생활 요리 교육 (이론과 실습)	내가 차리는 한 끼 1	불 사용법, 쌀밥 짓는 법, 계량법 배우기
			감자버섯영양밥과 부추양념장 만들기
4	식생활 실습 교육 (이론과 실습)	건강과 음식	건강과 음식의 관계 알기
			건강한 음식 선택 배우기
5	식생활 요리 교육 (이론과 실습)	내가 차리는 한 끼 2	전통 장을 이용한 소스 만들기
			비빔국수와 시금치 된장국 만들기
6	식생활 실습 교육 (이론과 실습)	식사 예절	식사 예절 배우기
			식사 예절 실습
7	식생활/ 요리교육 (이론과 실습)	내가 차리는 한 끼 3	찌개와 반찬 만들기 (고추장 찌개, 오이무침, 채소달걀전)
8	식생활 교육 (이론)	음식과 관계	음식을 통한 사회관계와 소통

9	식생활 요리 교육 (이론과 실습)	초대 음식	손님 초대 메뉴 계획과 만들기
10	식생활 요리 교육 (이론과 실습)	내가 차리는 한 끼 4	[내가 차리는 한 끼] 발표회
			시식 및 평가
			수료식

라. 관계 역량 프로그램

- **배경 및 필요성**
  - 청소년들이 사회에 나갔을 때 겪는 가장 큰 어려움 중 하나는 공동체 형성 및 사회생활임.
  - 사회에서 고립되지 않고 자립적인 사회생활을 할 수 있도록 사회적 기술을 배울 수 있는 청소년 모임 프로그램이 필요함.

- **목표**
  - 모임을 경험하여 관계 기술을 배우고, 관계 경험을 함.
  - 관계를 형성할 관심사를 찾고, 네트워크(선배, 친구)를 형성함.
  - 모임을 직접 만들어 해봄으로써 관계 형성의 자신감을 키움.

- **세부 내용**
  - 대상 및 인원: 관계 형성이 어려움을 겪는 청소년 10명
  - 사업 기간: 9개월
  - 모임 횟수 및 회당 소요 시간: 총 16회/ 2~4시간
  - 모임 형태: 소셜다이닝

■ 단계별 청소년 모임 프로그램

○ 1단계. 모임 알기 참여
- 기존 프로그램 중 청소년들에게 적합한 프로그램을 선정하여 모임지기와 협력 요청.
- 청소년들을 위한 모임 개설 및 청소년 참여.
- 모임 콘텐츠는 기존 프로그램과 동일하게 진행.
- 모임지기들(3명)과 청소년들(10명)의 피드백 취합.

○ 2단계. 모임 즐기기 참여
- 모임플랫폼에서 참여할 모임 찾기.
- 청소년들이 선택, 참여 및 피드백 취합.

○ 3단계. 모임 만들고 초대하기
- 워크숍(4회).
  • 청소년 조 편성.
  • 우수지기(멘토)와 협력하여 함께 조별 모임 기획.

- 모임 개설 및 운영(2회)
  • 기획한 모임을 실제로 작성 및 오픈, 참여자 모객, 모임 진행까지 체험.
  • 우수지기(멘토)와 함께 진행하나 차후 독립적으로 진행할 수 있게끔 유도.

■ 프로그램 개요

단계	주요 내용	방법	주기	회수
1 단계	- 모임 알기 - 모임 에티켓 배우기	- 준비한 모임에 전체 참여 - 모임별 모임지기 지원	월 1회씩	3회
2 단계	- 모임 탐색 - 모임 참여하기	- 모임플랫폼에서 모임을 선택하여 개별 참여	월 1회씩 (1~3주 사이)	4회
	- 모임 공유하기	- 전체 청소년 참여 - 전담지기 지원	월 1회씩 (4주째)	4회
3 단계	-모임 '기획/준비' 워크샵	- 3팀 구성(팀당 3~4명) - 팀별 기획 및 준비 - 전담지기 지원	주1회씩	3회
	모임 열기	- '모임플랫폼' 사이트에 개설하여 진행	격주1회	2회

마. 사회적 외톨이 자립지원 프로그램

사회적 외톨이의 자립지원 프로그램을 설계하는 데 가장 중요한 것은 외톨이의 특성을 잘 이해해야 함. 외톨이가 단계별로 어떠한 특징이 있는지, 이에 따른 대응책은 다음과 같음.

단계	전조 단계	진입 단계
당사자 특징	대인관계에서 사회적 어려움과 심리적 갈등이 심화됨.	등교거부, 퇴사, 일시적 은둔과 활동이 병행/ 반복됨.
대응	예방 프로그램 필요 (진단, 코칭, 상담 등).	예방 프로그램 필요(심리치유, 스트레스 회복 프로그램 등).

심화 단계
은둔을 선언하고 사회관계를 단절함. 이에 반대/꾸짖는 부모와 갈등이 발생하고 증폭됨.
당사자 프로그램은 효과가 없음. 부모와 갈등(불신, 비난, 폭력)이 심화 되지 않도록 부모 지원 프로그램 필요.

침잠 단계
은둔 생활이 지속되고, 부모와 갈등이 완화됨.
부모가 장기간이 소요됨을 이해하고, 갈등이 재발되지 않고 자기 삶을 건강히 살아가면, 자녀와 신뢰를 회복할 수 있는 방법을 찾도록 부모자조 모임 등 지원 프로 필요.

모색 단계
은둔 상태에 대해 성찰하고, 이를 극복하려는 의지가 조금씩 생기는데, 소극적이며 무엇을, 어떻게 해야 할지 모름.
건강한 생활 방식과 밖과의 소통을 응원하는 프로그램 필요(온라인 중심).

회복 단계
규칙적인 개인 생활, 모임 참석 등 낮은 수준의 사회관계를 시작하는데, 외부 충격에 의해 다시 은둔할 수 있음.
사회관계 활동을 지속하고, 외부의 충격을 완화할 수 있는 프로그램이 필요(오프라인 중심).

자립 준비 단계
자립을 하기 위해 필요한 활동을 찾아서 꾸준히 함.
4가지 핵심 자립 역량(관계/ 직업 진로/ 자율주거 생활/ 개인 재무) 프로그램이 필요.

자립 단계
취업, 창업, 학업을 시작하여 꾸준히 함.
자립 안정화 프로그램이 필요함.

외톨이 자립지원의 프로세스는 다음과 같음.

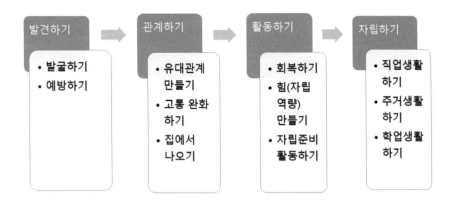

외톨이 지원 단계별 주요 지원 프로그램의 종류는 다음과 같음.

발견하기 →	관계하기					→
	개인 주거 공간					
	방 탈출 응원하기	유대관계 만들기	완화하기		집에서 나오기	
온라인	좋은 생활 밖과 소통	필요 시				
	상담	방문: 당사자 와 상담사	좌동		좌동	
		치유 프로그램	개인		개인	
					집단	
			개인 활동 하기	일상 활동		
				취미 활동		

활동하기			자립하기
개인/공동체 주거 공간			자율 주거 공간
회복하기	힘(자립 역량)만들기	자립 준비 활동	자립 활동
필요 시			필요 시
내방: 당사자와 상담사	좌동	좌동	필요 시
좌동	좌동	좌동	필요 시
좌동		좌동	자율
유대 활동하기	모임 활동		지속적인 유대 활동하기
	함께 생활하기	좌동	좌동	
	4가지 자립 역량	필요시	직업 생활하기
		일을 통한 자립 준비	학업 생활하기
		학업 지원	주거 생활하기

1. 방 탈출 온라인 프로그램

■ 배경 및 필요성

○ 사회적 외톨이(일본 명칭: 히끼고모리, 한국 명칭: 은둔형 외톨이)가 다시 사회에 나와 자립하는 데 있어 가장 어려운 것은 방에서 탈출하는 것임.

○ 사회적 외톨이는 특성상 타인은 물론이고, 부모와도 거의 관계를 맺지 않아, 오픈라인 방식의 지원 서비스를 제공할 수 없음.

○ 이러한 이유로 사회적 외톨이가 스스로 방을 탈출하는 데, 오로지 자신의 힘만으로 해야 하기에, 일본의 경우 평균 12년 이상 장기화되는 경우가 많음.

○ 사회적 외톨이가 휴대폰과 PC를 통해 온라인에서 활동하고 있는 점 등 특징과 방을 탈출한 당사자들의 경험, 이들을 지원해온 심리상담가 등 전문가들의 자문을 받아, 방 탈출 온라인 서비스를 할 필요가 있음.

- **서비스 이용자**
  - ○ 사회적 외톨이 청소년.

- **개발 포인트**
  - ○ 고립 생활의 핵심적인 특징과 탈출 경험자들의 탈출 징후(노력)를 융합하여 개발.
  - ○ '참여 용이성, 재미, 실제 이익(성취)'을 통해 '지속성'을 실현함.

핵심적인 특징		탈출의 징후(탈출하기 위한 노력들)
집에서 나오지 않는다	○부모하고도 소통하지 않는다. ○외부인의 만남을 원치 않는다. ○오프라인 방식은 전혀 작동하지 않는다.	애완동물을 키운다.
		어려움을 이겨내는 스토리의 '영화, 드라마, 예능 프로그램' 등 영상물을 찾아 본다.
		자신을 이해하는 법, 어려움을 이겨내는 스토리의 책을 찾아 읽는다.
온라인 활동을 활발히 한다	○온라인 게임을 많이 한다. ○온라인 카페 활동을 한다. ○온라인에서 필요한 정보를 한다. ○온라인에서 필요한 것을 구매한다.	대화는 잘 안 해도, 단톡방에 들어온다.
		궁금한 것은 온라인을 통해 물어보고, 답을 찾는다. 물음에 댓글 단다.
		밤에 혼자 외출하거나 운동을 한다.
돈이 필요 하다	○온라인 게임비,사고 싶은 것, 먹거리 등 소비 활동을 하고 있다. ○부모에게서 받는다. ○이에 대해 미안해하지만, 다른 방법이 없다.	규칙적인 목욕, 청소, 식사 등을 하려고 한다.
		금주, 금연, 야식(폭식)을 하지 않으려고 한다.
		다른 사람들을 만나려고 한다.
		외톨이 모임, 가족 행사 등 모임에 나가려고 한다.
		영화관 가기, 여행하기 등 취미활동을 한다.

(표 가운데 "+" 기호 표시)

- **차별성**

  ○ 기존 서비스

구분	내 용
가정 방문 상담 서비스	**대부분 당사자가 상담 거부하여 중단됨.**
공동생활 서비스	○ 장기간의 막대한 비용(1인당 연간 1,800만 원). ○ 극히 적은 인원에게만 제공. ○ 대부분의 비용을 보호자가 지불. ○ 낮은 서비스 적합자 비율. ○ 사회적 자원 발굴 곤란.

  ○ 새로운 서비스

  – 사회적 고립자 자립지원 시스템이 가장 잘 되어 있는 일본 등 세계 어느 나라에도 방 탈출을 돕는 온라인 서비스가 없음.

구분	내용
온라인 방 탈출 서비스	○ 당사자 수용성이 높음. ○ 다양한 특성의 당사자들이 이용할 수 있음. ○ 비용이 적게 투여됨(1인당 연간 300만원). ○ 사회적 자원을 발굴하기 용이함.

- **사용 기술과 기술 우위성**

사용 기술	기술 우위성
– 해당 어플리케이션은 PHP 웹언어 , MYSQL 로 개발하여 하이브리드 형태로 개발 . – '포인트 적립', '케릭터 육성', '주사위 시스템' : 알고리즘을 구현하여 작업 . – '소소한 이야기' 서비스 : '실시간 채팅 서비스' 구현을 위해 AJAX 활용 작업 . – '책 읽기' 서비스 : '책 예약 , 발송 , 반납' 에 대해 PUSH 기술 . – '유유자적 산책' 서비스 : 현 위치와 도착지 간 자동 거리 환산 '위치 기반' 기술 .	– 관리자의 개입을 최소화를 원칙으로 설계하여 사용자 수용성 극대화 . – 케릭터를 육성하는 레벨 디자인 , 주사위 던지기로 포인트 획득 등 게임의 흥미 , 재미 요소를 가미하여 사용자의 지속성 극대화 . – 사용자 간 , 사용자와 운영자 간 '인정 , 위로 , 지지' 의 소통성 극대화 .

■ **온라인 프로그램의 개요**

   ○ 온라인 서비스명: 집업

   ○ 프로그램 진행 단계

   ○ 대표 이미지

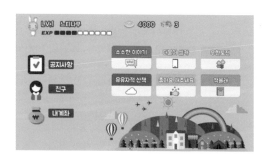

프로그램 구조도

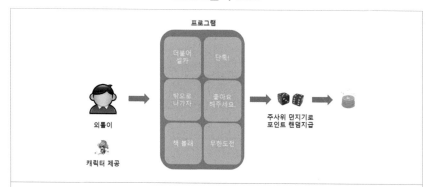

- 본 과제는 외톨이의 작은 움직임이라도 돕기 위하여 만드는 프로그램으로 사용자의
접근성을 고려하여 어플리케이션으로 개발
- 게임으로 인지하도록 하여 긍정적인 효과와 재미를 가지도록 설계
- 처음 제공되는 케릭터는 프로그램을 참여할 때마다 아이템 지급
- 단톡, 꿀팁과 같은 커뮤니티 공간에서 케릭터 노출

맨몸	신발	모자	상의	하의

- 외톨이의 특성을 고려하여 모든 프로그램은 익명으로 활동

서비스별 개념

연번	서비스명	특징
1	소소한 이야기	– 대화방 입장하기 → 주사위 던지기 → 포인트 획득 – 닉네임으로 활동 가능 – 프로필 사진에는 프로그램에 참여해서 받은 캐릭터 노출 – 1일 3회 대화방에 메시지를 작성 시 주사위 던지기 1회를 획득
2	더불어 셀카	본인을 포함해 다른 사람과 함께 셀카 찍기 → 사이트에 올리기 → 주사위 던지기 → 포인트 획득
3	책볼래	신청 가능한 책의 상태 확인 → 책 신청 → 관리자 확인 후 배송 → 책 읽기 → 책 반납 → 퀴즈 풀기 → 주사위 던지기 → 포인트 획득
4	유유자적 산책	현재 위치 확인 → 목적지 검색 및 등록 → 목적지 이동 및 도착 → 사진 촬영 → 사이트에 등록 → 주사위 던지기 → 포인트 획득
5	무한도전	본인이 하고 싶은 도전 선택 → 실행 → 사진이나 동영상 촬영 → 사이트에 등록 → 주사위 던지기 → 포인트 획득
6	"좋아요" 해주세요	커뮤니티 공간에 글 올리기 → 주사위 던지기 → 포인트 획득 올라온 글 읽기 → 주사위 던지기 → 포인트 획득 댓글 달기→ 주사위 던지기 → 포인트 획득 좋아요 누르기 → 주사위 던지기 → 포인트 획득 ※ '인정, 위로, 지지'가 목적임으로 "싫어요" 기능은 없음.

▪ 기존의 사회적 가치 창출과 차별성

기존 방식	새로운 방식
– 오프라인 방식 – 당사자 발굴 곤란 – 당사자의 낮은 참여율과 지속률 – 고비용/저효과 – 수혜자를 돕고자 하는 사람들의 참여 곤란	– 온라인 방식 – 당사자 발굴 용이 – 당사자의 높은 참여율과 지속률 – 저비용/고효과 – 수혜자를 돕고자 하는 사람들의 참여 용이

■ **기대효과**

○ 빈곤화 방지를 통해 사회적 비용 절감.

- 사회 단절 생활은 신체적, 심리적, 정신적 건강을 악화시키며, 직업 역량과 의욕을 상실케 하며, 소득 활동을 하지 못해 부모 등 부양자가 사망하게 되면 생존의 위기에 처함.

- 이들은 빈곤해질 확률이 매우 높고, 사회 안전망으로 매우 장기간 지원해야 하며, 규모도 큰 고위험군임.

○ 사회 공동체의 건강성 효과

- 사회 단절이 발생하는 연령이 낮아지고, 지속 기간이 장기화되고, 고령화되어 그 규모가 커지고 문제 해결이 갈수록 어려워짐. 이들이 건강한 사회 구성원으로 살아가지 못하고, 사회 공동체와 유리됨으로 인해 사회 공동체의 건강성이 약화됨.

2. 일 경험 프로그램

■ **개발 포인트**

○ 당사자와 기업(사업체)의 핵심 상태와 욕구를 파악함.

당사자		기업(사업체)
대인(조직 내, 고객) 관계가 힘들다.		기본적인 조직 생활 규율을 지켜 주길 바란다.
조직 문화의 수용이 힘들다.		낮은 수준의 직무를 수행할 수 있어야 한다.
성과에 대한 압박이 힘들다.	+	이익이 되지 않아도 되지만, 손해까지 감수하기는 어렵다.
직장 생활 규칙을 지키기가 힘들다.		정형화된 교육 커리큘럼/교재, 슈퍼바이저를 마련하기 어렵다.
직무를 수행하는 게 힘들다		생산성이 낮을 경우, 일정한 비용을 지원해주기를 원한다.

↓

○ 바로 일반 기업(사업체)에 보내는 것은 양쪽 모두에게 적절치 않음.
○ 기업(사업체)에 가기 전에, 당사자가 충분한 준비를 할 수 있는 '교육 과정'과 '노동 과정'이 필요함.
○ 적절한 기업(사업체)를 발굴하고, 충분히 소통하여 공감과 인식을 공유하고, 적절한 지원책을 마련함.

■ 참여 프로세스

일 학교	공동체 일터
맞춤형	맞춤형
일 재미 알기, 직장 생활 관련 좋은 태도와 자세, 규칙 지키기	관계(고객/ 직장 내) 역량 키우기, 인내하기
교육형	교육형/ 노동형

징검다리 일터	취/창업 활동
6개월 이내	맞춤형
일과 직무 탐색, 일 마인드, 직장 적응력 키우기	직무 기능 역량 강화, 취업 스킬, 취/창업 준비 활동, 취/창업
교육형/노동형	노동형

○ 당사자의 상태와 여건을 구체적으로 살펴 프로세스를 설계함.
○ 당사자의 관심도, 집중도, 역량 변화 정도를 면밀히 살펴, 단계별 변화 및 단계 내 변화함.

■ 목적

당사자에게 맞는 일 경험을 통해 직업진로 역량을 체득한다.

■ **목표**

○ 일하는 재미를 알고 성취를 통해 자존감을 키운다.

○ 일과 관계된 사람들(함께 일하는 사람들, 고객 등)과 잘 관계
하는 역량을 키운다.

○ 일에 대한 좋은 '마인드, 태도, 자세'를 체득한다.

○ 과업을 성취할 수 있는 직무 역량을 키운다.

○ 취업 및 창업을 준비하는 활동 역량을 키운다.

■ **개요**

구분	목적	주체	필요 수요
일 학교	– 일을 배우는 '재미, 성취' – 규칙 지키기	자체	– 카테고리별 복합 교육 시설 음식/공작/핸드 메이드
공동체 일터	– 일하는 '재미, 성취, 실제적 이익' – 규칙 지키기 – 함께 일하는 법 배우기 – 고객과 잘 관계하기	자체	1. 음식: 식당, 카페, 푸드트럭 2. 편의점 3. 펫 전문점(서비스 등)
징검다리 일터	– 일(직업) 탐색하기 – 직무 역량 배우기 – 조직(문화, 규율) 적응하기	협력체	사회적 경제 기업, 비영리/영리 사업체

구분	운영 과정	참여자와 관계	참여자 보상	그 외
일 학교	교육 과정	비근로 계약관계	참여 촉진비	상해보험 가입
공동체 일터	교육 → 노동 과정	비근로 계약관계	참여 촉진비	상해보험 가입
		근로계약관계	임금	사회보험 가입, 근로기준법 등 준수

징검다리 일터	인턴십 과정	교육형	비근로 계약관계	참여 촉진비	상해보험 가입
		노동형	근로계약관계	임금	사회보험 가입, 근로기준법 등 준수

- **기대효과**
  - 당사자의 직업 역량 체득으로 자립에 기여

3. 주거 생활 프로그램

- **개발 포인트**
  - 당사자와 부모의 핵심 상태와 욕구를 파악함.

당사자		부모
다른 외톨이와 교류하는 것은 편하다.		주거 환경이 쾌적하면 좋겠다.
비난을 받고 싶지 않다.		안전하고 존중하기를 원한다.
처음부터 고정된 생활 방식은 지속하기 어렵다.	+	순차적 단계와 다양한 프로그램이 있으면 좋겠다.
처음부터 혼자 사는 것은 어렵다.		비용 부담을 줄였으면 좋겠다.

↓

- 바로 개별 주거 생활을 하는 것은 가능치 않거나 바람직하지 않음.
- 계속해서 기존 주거 공간에서 생활하는 것은 바람직하지 않음.
- 당사자가 충분한 준비를 할 수 있는 단계와 자율 주거 생활 역량을 키울 수 있는 프로그램이 필요함.
- 적절한 주거 생활공간을 발굴하고, 충분히 소통하여 공감과 인식을 공유하고, 적절한 지원책을 마련함.

■ 참여 프로세스

생활 배움 집
규칙적인 생활하기, 다른 외톨이와 어울리기, 집 가꾸기
비숙박형 (출/퇴근형)
필요한 만큼

⇒

공동체 집
규칙적인 생활하기, 다른 외톨이와 어울리기, 집 가꾸기, 집 생활 경제 꾸려가기
숙박형
필요한 만큼

⇒

징검다리 집
규칙적인 생활하기, 비외톨이와 어울리기, 집 가꾸기, 집 생활 경제 꾸려가기
숙박형
필요한 만큼

⇒

자율 생활 집
자기에게 맞는 자율 주거 생활 방식 정하기 (단독/ 공동체/ 공유), 적합한 주거 공간 구하기, 자율 주거 생활하기
주거형
지속

○ 당사자의 상태와 여건을 구체적으로 살펴 프로세스를 설계함.
○ 당사자의 관심도, 집중도, 역량 변화 정도를 면밀히 살펴, 단계를 변화함.

■ 목적

당사자에게 맞는 주거 생활 경험을 통해 자율 주거 생활 역량을 체득한다.

- **목표**
  - ○ 건강하고 규칙적인 생활 습관을 체득한다.
  - ○ 다른 사람(외톨이, 비외톨이)과 집에서 잘 어울리는 역량을 키운다.
  - ○ 자기에게 맞는 생활 방식을 알고 독립하여 생활할 역량을 키운다.

- **유형별 운영 주체**

구분	운영 주체	
생활 배움 집	자체	
공동체 집	자체	
징검다리 집	협력체	
자율 생활 집	단독	당사자
	공동체	협력체
	공유	협력체

- **기대효과**
  - ○ 주거 생활 역량 체득으로 자율 주거 생활 영위에 기여.

청소년 자립 / 직업 진로

길라잡이

펴 낸 날   2020년 8월 17일

지 은 이   모세종
펴 낸 이   이기성
편집팀장   이윤숙
기획편집   정은지, 윤가영, 이지희
표지디자인 정은지
책임마케팅 강보현, 류상만
펴 낸 곳   도서출판 생각나눔
출판등록   제 2018-000288호
주   소   서울 잔다리로7안길 22, 태성빌딩 3층
전   화   02-325-5100
팩   스   02-325-5101
홈페이지   www.생각나눔.kr
이 메 일   bookmain@think-book.com

• 책값은 표지 뒷면에 표기되어 있습니다.
  ISBN 979-11-7048-132-4 (03300)

• 이 도서의 국립중앙도서관 출판 시 도서목록(CIP)은 서지정보유통지원시스템 홈페이지
  (http://seoji.nl.go.kr)와 국가자료공동목록시스템(http://www.nl.go.kr/kolisnet)에서
  이용하실 수 있습니다(CIP제어번호: CIP2020031525).